VERDADES E MENTIRAS:
ÉTICA E DEMOCRACIA NO BRASIL

PAPIRUS ✥ DEBATES

A coleção Papirus Debates foi criada em 2003 com o objetivo de trazer a você, leitor, os temas que pautam as discussões de nosso tempo, tanto na esfera individual como na coletiva. Por meio de diálogos propostos, registrados e depois convertidos em texto por nossa equipe, os livros desta coleção apresentam o ponto de vista e as reflexões dos principais pensadores da atualidade no Brasil, em leitura agradável e provocadora.

MARIO SERGIO CORTELLA
GILBERTO DIMENSTEIN
LEANDRO KARNAL
LUIZ FELIPE PONDÉ

VERDADES E MENTIRAS:
ÉTICA E DEMOCRACIA NO BRASIL

PAPIRUS 7 MARES

Capa	Fernando Cornacchia
Transcrição	Nestor Tsu
Coordenação e edição	Ana Carolina Freitas
Diagramação	DPG Editora
Revisão	Edimara Lisboa e Isabel Petronilha Costa

Dados Internacionais de Catalogação na Publicação (CIP)
(Câmara Brasileira do Livro, SP, Brasil)

Verdades e mentiras: Ética e democracia no Brasil/ Mario Sergio Cortella... [et al.]. – 1ª ed. – Campinas, SP: Papirus 7 Mares, 2016. – (Coleção Papirus Debates)

Outros autores: Gilberto Dimenstein, Leandro Karnal, Luiz Felipe Pondé
ISBN 978-85-61773-92-2

1. Corrupção 2. Democracia – Brasil 3. Ética política – Brasil 4. Política – Filosofia 5. Verdade e mentira I. Cortella, Mario Sergio. II. Dimenstein, Gilberto. III. Karnal, Leandro. IV. Pondé, Luiz Felipe. V. Série.

16-05515   CDD-172

Índice para catálogo sistemático:
1. Ética política: Tertúlia   172

1ª Edição – 2016
9ª Reimpressão – 2021

Proibida a reprodução total ou parcial da obra de acordo com a lei 9.610/98.
Editora afiliada à Associação Brasileira dos Direitos Reprográficos (ABDR).

A grafia deste livro está atualizada segundo o Acordo Ortográfico da Língua Portuguesa adotado no Brasil a partir de 2009.

DIREITOS RESERVADOS PARA A LÍNGUA PORTUGUESA:
© M.R. Cornacchia Editora Ltda. – Papirus 7 Mares
R. Barata Ribeiro, 79, sala 316 – CEP 13023-030 – Vila Itapura
Fone: (19) 3790-1300 – Campinas – São Paulo – Brasil
E-mail: editora@papirus.com.br – www.papirus.com.br

SUMÁRIO

A mentira como conduta ética? 7

A democracia que temos 15

Ética e relatividade 25

Intolerância na democracia................. 35

"Um homem, um voto" 41

Cidadania *mi-mi-mi* 51

Incoerências da democracia brasileira 69

Populismo e partilha democrática............ 77

Razões para otimismo 91

Glossário................................ 107

N.B. Na edição do texto foram incluídas notas explicativas no rodapé das páginas. Além disso, as palavras em **negrito** integram um **glossário** ao final do livro, com dados complementares sobre as pessoas citadas.

A mentira como conduta ética?

Gilberto Dimenstein – Gostaria de iniciar este bate-papo com a premissa de senso comum que diz que todo político mente. Mas um político que fala a verdade numa campanha consegue se eleger? Ou seja, a ética da política é diferente da ética do cidadão?

Luiz Felipe Pondé – No sentido da mentira não é tão diferente assim. E lhe dou essa resposta entendendo ética como hábitos e costumes, isto é, o modo como as pessoas se comportam na realidade, ao longo do tempo, e repetem comportamentos que têm como resultado algo que dá certo. Assim, mentir no dia a dia funciona em alguma medida. Por isso, não acho que só os políticos possuem um limite em dizer a verdade; o restante das pessoas também o tem. A ideia de que elas digam a verdade *sempre* é de uma ilusão atroz; às vezes, é até falta de educação falar a verdade o tempo todo.

Dimenstein – Você está dizendo que a mentira é uma condição humana e necessária?

Pondé – Estou dizendo que a mentira também está presente. Em outras palavras, seria "omitir a verdade". Por exemplo, se temos um amigo ou uma amiga que, com muito esforço, faz um regime e nos pergunta: "Eu emagreci?", não vamos lhe responder: "Não, você engordou". Portanto, o que quero dizer é que acredito que o clichê de que o candidato que sempre fala a verdade não seja eleito – o que penso que seja mesmo verdade – vale também para grande parte da vida relacional. Se alguém diz a verdade o tempo todo, é uma pessoa insuportável, desumana, que não é capaz de compor, de fazer acordos no cotidiano. Na política, não falar a verdade o tempo inteiro chama-se *marketing* – que, me parece, é a grande ciência social.

Dimenstein – Essa é uma ética individual em que a mentira é ética, de certa forma. Seria ético, então, mentir para não chatear o amigo que engordou. Você acredita, Pondé, que o brasileiro tem algo de supostamente cordial?

Pondé – Para usar um clichê, basta colocar um alemão e um brasileiro para discutirem. Quando trabalhamos com um alemão ou vamos para a Alemanha, percebemos bem a diferença. Quer dizer, essa "cordialidade" – que é muito mais do que isso – brasileira faz com que a gente pareça mais sinuoso, mais nuançado. Mas a cordialidade não é só isso. Ela é também o fato de transformarmos o público em privado o tempo todo, por isso o mau uso do que é público no Brasil.

Dimenstein – Você não sabe o que é sim, o que é não...

Pondé – É porque "sim" e "não" dependem do ponto de vista, da emoção, do humor com que acordamos no dia. Vejo que isso tem uma dimensão que a gente remete à política de modo profissional. Digamos assim: os políticos mentem de forma profissional; nós mentimos de forma carinhosa, social, afetiva.

Dimenstein – Ou temos uma flexibilidade em fazer isso.

Pondé – Sim, acredito que sim.

Dimenstein – Gostaria de lembrar aqui uma história, que é famosa entre os jornalistas, de um correspondente da *Associated Press* que fez a melhor definição do Brasil. Ele fumava um cigarro em seu escritório na avenida Rio Branco, no dia da revolução em 1964, quando viu que, embaixo, um tanque se aproximava. Com várias pessoas sendo presas, as ruas estavam vazias. Mesmo assim, ao chegar à esquina do escritório, o tanque parou no sinal vermelho. O correspondente, então, observou: "No dia em que entendermos por que um tanque militar para num semáforo vermelho no meio de uma revolução, talvez a gente entenda o Brasil". Porque é um país extremamente flexível e profundamente burocrático.

Mario Sergio Cortella – Mas temos que fazer uma distinção entre a ética circunstancial, aquela que um pouco mais se aproxima da nossa identidade, daquela ética contratualista, que é a germânica. Um soldado alemão pararia no semáforo com um tanque tanto quanto um civil alemão. Mas se nos fosse perguntado: "Você pararia às três horas da manhã com um carro num semáforo onde não há ninguém na rua?", provavelmente nossa resposta seria: "Depende". Uma mãe diria para o filho que o desenho que ele fez não está bonito? "Depende." Essa circunstancialização da conduta é, sim, parte de nossa formação histórica e de nosso cotidiano. Acredito, como o Pondé, que a questão não é que o politicamente. A vida seria impossível se a verdade fosse emitida de modo contínuo e perene.

Dimenstein – Quer dizer, a mentira é uma proteção?

Cortella – Você pode fazer a distinção – e eu faço – entre ser sincero e ser franco. A sinceridade significa que tudo que dissermos tem que ser verdade. A franqueza é você dizer toda a verdade. A sinceridade é obrigatória na vida; já a franqueza é circunstancial. Se dissermos toda a verdade, colidimos com a capacidade de convivência.

Dimenstein – Estamos tocando aqui em um conceito que me parece muito original, que é a noção de mentira e ética. O interessante é que as pessoas – e também a mídia – exigem do poder público, às vezes, uma correção que elas próprias não têm quando, por exemplo, cruzam o semáforo vermelho, param o carro na faixa de pedestre, ou oferecem um pequeno suborno ao policial. A ética do brasileiro é tolerante com a mentira e com a corrupção?

Cortella – Eu não acho que todos que param no semáforo vermelho estejam sempre com uma ética saudável. Muitas vezes, aquilo é um burocratismo ou um tipo de bitolação absolutamente avesso à capacidade de uma vida que, até no campo da biologia evolucionista, é diferente. A capacidade de adaptação a um movimento circunstancial é decisiva. Mas isso não implica a regra do vale-tudo, não se trata de relativismo moral. Quero dizer que a capacidade de saber circunstanciar a conduta é decisiva, o que não pressupõe a adoção da mentira como regra, mas como possibilidade. Podemos dar a isso vários nomes: adiamento da verdade, suspensão temporária, *epoqué* – para trazer a fenomenologia à conversa. Mas há situações em que a emissão da franqueza é cruel, ofensiva, ela fere. O que nos remete àquela questão clássica: você prefere ser feliz ou estar certo? Na sua família, no seu grupo de amigos, na discussão a favor ou contra, o que você prefere? Isso depende. Prefiro estar certo se aquilo for decisivo em relação à condução da vida, mas eu adio a minha posição em nome de alguma coisa que é maior.

Dimenstein – Mas, na política, se um o governo está numa situação de economia crescente, de emprego, expansão, crédito, será que a ética, como é percebida pelos cidadãos, é um termo importante?

Cortella – Talvez ela venha num outro patamar. É preciso lembrar que a mesma circunstância, hoje, colocada há cinco anos teria outra ressonância. **Tomás de Aquino** lembrava que todo ser humano age tendo por finalidade a própria felicidade. E isso se aplica até mesmo a quem age para o mal. Por exemplo, eu não tenho a menor dúvida de que **Hitler** agiu tendo a felicidade como objetivo.

Dimenstein – Você tocou num ponto importante, Cortella. E é interessante lembrar de Hitler, pois isso vai mexer um pouco com a noção do que é mentira e do que é verdade. Existe aquela famosa frase de **Goebbels** – ou, pelo menos, atribuída a ele – de que uma mentira repetida durante muito tempo passa a ser uma verdade.

Cortella – E se não for de Goebbels, a própria frase afirma que de tanto ser repetida...

Dimenstein – Exatamente. Afinal, a verdade é tão relativa assim na política?

Leandro Karnal – A começar pela filosofia, se você diz que a verdade é relativa, seu enunciado se torna relativo. Portanto, se é relativo que a verdade é relativa, logo ela pode ser absoluta. Esse é um debate que existe desde os pré-socráticos.

Imagino a verdade como a Medusa, que transforma em pedra quem a observa de frente. Para que ela seja morta, é preciso vê-la pelo espelho. O modelo de verdade no mundo ocidental, que é Jesus, disse a verdade por três anos e foi crucificado. Denunciou saduceus, fariseus, denunciou todo mundo e foi crucificado. Mas, quando Pilatos lhe pergunta o que é a verdade, Jesus não responde. É a única pergunta a que Jesus não responde, o que, talvez, nos desobrigue de respondê-la. O que é a verdade? **Nietzsche** diz que essa é a pergunta mais sutil de todas.

Um pouco antes de Jesus, correu a frase: "À mulher de César não basta ser honesta, tem de parecer honesta". Trata-se do reconhecimento de que a aparência é central em política, de **César** a **Maquiavel**, de Florença a Brasília. No caso específico do Brasil, **Sérgio Buarque** destacou, em 1936, em seu famoso capítulo "O homem cordial", que o brasileiro funciona pelo coração, sendo impulsivo, afetivo – inclusive quando mata. Mas eu diria, acrescentando ao grande Sérgio, que somos um povo dado à hermenêutica, que interpreta a regra: "Achei que era para fazer isso, mas como hoje estava chovendo, não fiz". O brasileiro acrescenta incisos, adiciona artigos às regras. Essa hermenêutica é muito tupiniquim porque separamos significado de significante. Toda regra, no Brasil, precisa ser interpretada pelas pessoas e isso torna nossa fala muito distante da nossa ação.

Cortella – Nessa perspectiva de uma sociedade que tem um *ethos* hermenêutico, não é casual que a gente tenha um Judiciário, em grande medida, atuando como o poder moderador que **dom Pedro I** queria. Afinal, o que é um poder moderador senão um interpretador de quem está certo? É menos a situação do árbitro, que é aquele que só aplica a regra. A pergunta "*Tá* certo, Arnaldo?", que ficou famosa no meio esportivo, vale para algumas situações e agora está sendo aplicada. A sociedade hermenêutica dá, por exemplo, ao presidente da Câmara dos Deputados o poder de interpretar o regimento. Mas ela também dá ao professor a possibilidade de interpretar o conteúdo; dá ao comerciante a possibilidade de interpretar aquilo que é correto dentro das normas, do que é lícito ou não. Qual é a distinção séria entre elisão fiscal, que é você obter algum tipo de vantagem tributária, e evasão fiscal? É uma questão hermenêutica. Essa perspectiva é, em grande medida, uma sociedade que quer interpretar. Ela não é normativa no sentido de seguir aquilo que está. Nós não temos clareza. Outro dia vi uma discussão em que se dizia que o nosso idioma, por ser um idioma latino em que as frases são menos duras, nos permite explicar: "Não foi bem isso o que eu quis dizer". E, portanto, permite a nós refazer a argumentação com outra interpretação. Hoje, e na nossa história, em grande medida, o poder está em quem dá a palavra final naquela interpretação.

A democracia que temos

Karnal – Raymundo Faoro n'*Os donos do poder*, ao analisar a República Velha, diz que a verdade eleitoral é uma mulher nua: ela é desejável, mas não pode ser exibida em público. Mas sempre é assim? Um famoso discurso verdadeiro é o de **Churchill**, no momento mais dramático da Inglaterra em 1940. A França cai, a Holanda, a Bélgica e a Noruega também, e Churchill, ao substituir **Neville Chamberlain**, diz: "Só tenho a oferecer sangue, suor, sofrimento e lágrimas".

Dimenstein – Raras vezes vemos um político falar com tanta clareza, com tanta dureza. Hoje, se ele falasse isso, seria massacrado.

Pondé – Ele seria acusado de insensibilidade.

Dimenstein – Sim. Mas, certamente, esse está entre um dos mais sintéticos e melhores discursos da humanidade.

Karnal – Era um momento tão dramático do avanço da barbárie nazista que um político chegou a dizer a verdade. Só para contextualizar, quase um ano antes da Segunda Guerra Mundial, o então primeiro-ministro da Inglaterra, Chamberlain, o da França, **Daladier**, **Mussolini** e Hitler se reuniram em Munique. Hitler queria os sudetos da

Tchecoslováquia, porque lá havia alemães. Se os sudetos fossem entregues, ele "não pediria mais nada". O acordo foi assinado, e essa capitulação das democracias é considerada o maior exemplo de que Hitler foi incentivado, desde que ele começou a quebrar o Tratado de Versalhes com a revitalização da Alemanha, a mentir à vontade. Ele podia fazer isso porque as democracias, em função da chamada política de apaziguamento, aceitariam tudo. Quando invadiu a Polônia no dia primeiro de setembro de 1939, ele tinha a fantasia de que ninguém faria nada. "Quem vai morrer por causa da Polônia?" Na verdade, Hitler foi estimulado pela característica de pacifismo de França e Inglaterra a ser jogado contra **Stálin**. E Stálin, percebendo isso, firmou, em agosto de 1939, o acordo de não agressão germânico-soviético.

Ao voltar para a Inglaterra da Conferência de Munique, em setembro de 1938, Neville Chamberlain, que antes havia condenado a política de convivência pacífica, diz: "Eu vos trago a paz com honra". Churchill o critica: "Ele não garantiu nem a paz e, com certeza, perdeu a honra". Quando a França capitula, Chamberlain é obrigado a sair, a política de apaziguamento fracassa e Hitler sai vitorioso, sobra Churchill, sozinho, contra toda a Europa. Porque Noruega, Bélgica, Holanda, Luxemburgo, Alemanha, Polônia, França e, logo depois, metade da União Soviética estavam nas mãos do nazismo. Churchill, então, admite: "Só tenho a oferecer sangue, suor, sofrimento e lágrimas".

Pondé – É, mas havia uma guerra. Como disse o Karnal, era uma situação dramática, então, em casos assim, penso que a verdade é cabível. Talvez seja por isso que os americanos fazem tantos filmes de fim de mundo, porque parece que é só nesse contexto que percebemos coisas evidentes, como: "Devo amar meus filhos, devo defender as pessoas...".

Cortella – Quando você, Pondé, lembra dos norte-americanos, vemos que situação-limite é aquela em que a verdade é um imperativo categórico: "Agora vou contar tudo. Preciso contar, preciso confessar". É a verdade que vem com a aproximação da morte. Mas não se pode sobreviver depois, do contrário se está perdido. Se, no leito de morte, uma pessoa em busca de redenção conta tudo o que fez, ela não pode sobreviver; se isso acontecer, vai passar uma vergonha inacreditável. Churchill traz essa situação-limite à tona. Por exemplo, diante de uma circunstância econômica de crise, há um momento em que o governo precisa dizer: "Teremos que aumentar o imposto. E esse imposto vai ser a CPMF". Alguém pode questionar: "Mas você brigou exatamente para que a CPMF não fosse cobrada". "Então, mas agora ela é necessária." Essa ideia da situação-limite é aquela em que a ausência de tempo a perder doma a possibilidade de a verdade ser adequada ou não.

Dimenstein – Mas os políticos que realmente acreditam no que falam, aqueles fanáticos incapazes de fazer qualquer concessão, não seriam os mais perigosos? Tanto que a mistura da religião com a política só dá problema.

Karnal – Sim. A religião com a política é uma das misturas mais terríveis que se pode fazer. Lembro que, para Tomás de Aquino, a graça supõe a natureza. Que é uma variante de **Filipe II** e **Ortega y Gasset** de que eu sou eu e as minhas circunstâncias. Então, quando se fala em ética no Congresso, isso só significa uma coisa na história do Brasil: controle ou não do Congresso. Quando **Sarney** controlou o Congresso, não houve *impeachment*. Quando **Fernando Henrique Cardoso** e **Lula** controlaram o Congresso, houve muitos pedidos de impedimento, mas nenhum passou adiante. Portanto, não é a ética que está em jogo, mas o controle do Congresso, pois motivos para derrubar presidentes, de **Deodoro** a **Dilma**, nós temos todos. Controle do Congresso é questão política; a ética e a verdade são os invólucros. É quase o conceito marxista de ideologia, algo que serve para velar uma relação de dominação. Ética em Brasília é um discurso, assim como manifestação popular. É preciso dizer que "se está respondendo às ruas", mas a política profissional usa a pressão das ruas quando lhe é conveniente e raramente é dirigida pela "vontade geral".

Cortella – As ruas são indiferentes a um tipo de questão política, mas não a toda ela. Pois o sujeito se mete na vizinhança, em relação às coisas do prédio dele...

Dimenstein – Mas o que penso é o seguinte: se a situação econômica estivesse prosperando, a ética seria diferente. A questão ética não seria tão importante.

Karnal – Aí vale o capítulo 18 d'*O príncipe*, de Maquiavel: "Os meios serão sempre julgados honrosos e por todos louvados, porque o vulgo sempre se deixa levar pelas aparências e pelos resultados, e no mundo não existe senão o vulgo; os poucos não podem existir quando os muitos têm onde se apoiar".

Pondé – Eu também me lembrava de Maquiavel. Se a situação econômica fosse outra, acredito que a ética seria, sim, diferente. Tanto é que tivemos outro cenário no período do Mensalão. Hoje, é muito comum dizer que há corrupção em todo lugar. Mas por que agora, especificamente, ela deva ser apontada ou não? Penso que, com relação à corrupção, somos seletivos, no sentido de que achamos argumentos para julgar quem acreditamos corrupto. Se não consideramos alguém corrupto, do mesmo modo encontramos argumentos para defendê-lo. Por exemplo, algumas pessoas pedem: "Saia, Dilma! Assuma, **Temer**". Se a pessoa é a favor da Dilma, mesmo que o partido dela esteja enterrado na corrupção, vai reclamar: "Ah, isso é um truque classista. Isso é um jogo". Então, ao risco de soar niilista, acredito que a reação das pessoas é quase sempre circunstancial.

Dimenstein – Tivemos um bom exemplo disso recentemente, com a votação do processo de *impeachment* da presidente Dilma pela Câmara dos Deputados. Vimos senhores votando contra a corrupção, em nome da família. Foi um processo moral. Mas – posso dizer porque morei em Brasília por 12 anos – metade daqueles deputados frequentava prostitutas regularmente. E a vida política deles também não é pautada pela moral.

Pondé – Mas, apesar de muitas pessoas terem ficado chocadas com os deputados falando de religião e família na votação do *impeachment*, aquilo representa a população brasileira. A população brasileira é religiosa e acredita na família. Os intelectuais é que não são religiosos nem acreditam na família, portanto, normalmente se espantam com isso. Mas acho que, no meio disso tudo, tem outro problema que vivemos desde a Revolução Francesa, que é a política ocupando o lugar da religião. A ideia de política como redentora é típica da democracia. Há certa canonização da relação política como sendo aquela que vai salvar o mundo. Isso é um choque porque, na mesma medida que a democracia é retórica, ela é sofista desde a Grécia. A democracia é retórica, sofista, relativa, marqueteira em grande medida. Muitos têm a expectativa de que é a política que vai pôr as coisas em ordem, que ela é essa soberania popular e sagrada sobre a qual está sustentada a democracia. Mas, se não tiver polarização, as pessoas não se importam com a política. É o conflito que acende o debate.

Cortella – Você quase sugere que, em vez de bancada evangélica, o que temos é uma religião partidária.

Pondé – Os partidos, na realidade, são grupos...

Dimenstein – O que você está dizendo é que a política é uma ilusão. Que as pessoas a encaram quase como uma graça divina que vai resolver todos os problemas.

Pondé – Existe uma expectativa salvacionista associada à política. E isso implica certa expectativa de pureza, de verdade.

Dimenstein – E isso explica a decepção.

Pondé – Exatamente. Acho que, no contexto conjuntural da história do Brasil desde a ditadura para cá, o PT é o partido que carregou a tocha da salvação. Ele encarnou a vestal da pureza, da ética e da transformação do Brasil num país do bem. E na hora em que ele caiu na lama e se revelou igual ao PMDB, por exemplo, muita gente se decepcionou. Na democracia midiática, mediada pela mídia e pelas mídias sociais, alguns mais radicais podem dizer: "Não, a realidade não é essa". Por isso, vejo no mundo contemporâneo da democracia uma contradição muito interessante filosoficamente: ao mesmo tempo que a democracia tem uma expectativa salvacionista, e o

PT encarnou isso conjunturalmente desde a ditadura, quando estudamos um pouco a filosofia da política, a história da política desde a Grécia, sabemos que a democracia e a verdade são dois sistemas que não se comunicam.

Cortella – Mas essa perspectiva messiânica de que você fala, Pondé, eu acho que, em certa medida, representa alguma nostalgia monarquista nossa, que nos leva a uma dificuldade de lidar com o jogo democrático. É a ideia de encarnar em alguém. Durante séculos, fomos um país de hegemonia católica que tinha na figura do papa aquele que harmonizava as diferenças e dava a última palavra. Não havia possibilidade de interpretação, pois desde o século XIX o papa era tido como infalível, logo, "falou, *tá* falado". Isso resolvia qualquer conflito. Nessa perspectiva, a América Latina-Espanhola-Lusitana é toda monarquista se lembrarmos dos grandes líderes, a começar por **Bolívar**. Muito mais do que apenas um líder revolucionário, ele poderia ser consagrado como um príncipe, ao modo de Maquiavel, que iria conduzir todos em todos os lugares. Portanto, vejo que temos um desejo histórico de alguém que possa encarnar essa salvação. Que não é **Antônio Conselheiro** no sentido mais reduzido, mas que é, de fato, alguém que ilumine a nossa trajetória. Lula e **Getúlio Vargas**, por exemplo, souberam muito bem representar esse papel. Um dos grandes defeitos de Dilma é o mesmo que tinha o papa **Bento XVI**: ausência de iluminação, de brilho. A frase principal sobre ela ou sobre Bento XVI é assim: "Não encanta". E tem que encantar. Nem que seja pela risada, como era o caso de **Itamar Franco**, nem que seja pelo modo pomposo como o de Fernando Henrique, ou pelo modo de falar imortal do Sarney. É preciso encantar. Nesse contexto, eu tenho a curiosidade de saber por que não matamos presidentes.

Karnal – Coisa de que eu reclamei, Cortella. Os americanos já mataram quatro presidentes. Mataram **Lincoln**, **McKinley**, **Garfield**, **Kennedy** e tentaram ainda mais cinco. Nós nunca, de fato, matamos um presidente no exercício do poder.

Cortella – Tentaram esfaquear o **Prudente de Morais**, só que o ministro da Guerra, marechal **Bittencourt**, colocou-se na frente e, atingido, morreu.

Karnal – Tivemos também o acidente de **Castello Branco**, o acidente na Dutra de **Juscelino Kubitschek**. Mas eu chamaria esse presidencialismo, que você denominou como messiânico, Cortella, de sebastianismo estrutural, a vontade permanente de um Messias político que vá resolver aquilo que nós não conseguimos. É a nossa busca pela volta de **dom Sebastião** – e isso, mesmo tendo ele sido de uma mediocridade brutal; inclusive acho que sua morte foi sentida apenas pelo vazio político que deixou em Portugal. Os críticos da democracia vão lembrar: a democracia busca um líder capaz de resolver problemas que não podem ser resolvidos pela política. O grande **Jorge Luis Borges**, o conservador, dizia que a democracia é uma superstição numérica. Porque acreditamos que a verdade está num número maior de votos. Logo, a frase de que a voz do povo seria a voz de Deus (*vox populi, vox Dei*) é contestada pela ironia de **Brecht** que lembra que o povo já aclamou, no passado, Barrabás em detrimento de Jesus e saudou Hitler em comícios públicos.

Ética e relatividade

Dimenstein – O Pondé trouxe anteriormente uma reflexão muito provocativa que é a seguinte: se a política tem algo da religião e é carregada de expectativas, ela nunca vai ser ética porque nunca vai falar a verdade.

Cortella – Essa lógica da ética como expressão da verdade e, portanto, a corrupção como desvio ético da verdade é menos uma questão de epistemologia e mais uma questão de moral. É outra lógica.

Dimenstein – Defina ética, Cortella.

Cortella – A ética, para mim, é o conjunto de valores que temos para dirigir nossa conduta. Desse modo, podemos dizer que o traficante Fernandinho Beira-Mar tem ética, só que ela não é a minha.

Pondé – É relativismo isso.

Cortella – Não é relativismo. É relativo.

Dimenstein – Então não existe uma ética. Existem várias éticas e elas podem ser julgadas.

Cortella – Não, a ética é histórica. Ela é relativa ao tempo, ao grupo, ao nascimento, à sociedade.

Dimenstein – Ou seja, o gângster Al Capone no grupo dele era ético.

Cortella – Sim, é óbvio. Tanto que se fala na ética da cadeia, na ética do PCC. Mas estamos falando aqui de uma ética que seja socialmente aceita como saudável.

Dimenstein – Mas aí também seria relativo.

Cortella – Na ética cristã, que também é chamada de piedade, não se pode falar toda a verdade.

Pondé – Mas não tem como escapar do relativismo, Cortella.

Cortella – Mas não estou falando em relativismo. Eu falo de relatividade, não de relativismo.

Dimenstein – Você concorda com esse conceito, Pondé?

Pondé – Eu concordo que o Cortella está descrevendo o entendimento de ética como hábitos, costumes historicamente localizados no tempo e no espaço. E que pode haver conflitos nisso. O Fernandinho Beira-Mar pode ter uma ética que para mim não funciona, mas eu entendo que não é disso que as pessoas falam quando sentem um mal-estar com relação ao governo da Dilma, ou ao fato de alguém como **Eduardo Cunha**, acusado de corrupção, comandar um processo de *impeachment*. E talvez **Marx** considerasse isso prova da estupidez do humanismo burguês, que acha que matar não pode, que roubar não pode. Mas é aquela aspiração, que me parece pequeno-burguesa e kantiana, de que dizer a verdade é sempre necessário. É aquela ideia de que se eu falo a verdade para os meus filhos, a educação é melhor; se eu não minto para a minha mulher, também estou no âmbito daquilo que é esperado. Para **Kant**, ético é aquilo que pode ser feito não só para um, mas para todos. Por exemplo, uma pessoa que divide um apartamento com colegas da faculdade é ética se todos lavam a louça e ela também. Mas se todos lavam a louça e ela não, essa pessoa não está sendo ética no sentido kantiano. Imperativo da verdade: Kant dizia que devemos falar a verdade o tempo todo. Acho que é essa ética que está na sua pergunta, Dimenstein, é essa ética que as pessoas têm como expectativa e que sentem que na política não existe. Essa sensação de que, para o mundo funcionar, é necessário dizer a verdade em algum grau. É o bom hábito de dizer a verdade. Eu entendo que o Cortella estava descrevendo a ética de uma forma bastante consistente na perspectiva histórica, que são condutas e normas aceitas por um grupo. Hoje, chamamos isso valor. E isso significa o centro da normatividade da minha vida, da sua, da nossa aqui. Por exemplo, nesta nossa conversa, é ético entender que cada um fala um pouco, cada um tem uma ideia. A gente interage, mas nenhum de nós pode falar sozinho durante horas. Mas, quando você fala do mal-estar que as pessoas têm hoje em dia no Brasil e com a democracia, acho que você está falando de uma aspiração à verdade, aspiração à transparência.

Dimenstein – É como as pessoas entendem a ética.

Pondé – Sim, e esse entendimento também é correto. Porque, na verdade, a história da filosofia tem várias formas de compreender a ética.

Karnal – A palavra "ética", derivada de *ethos*, não se refere exatamente apenas a comportamento, a atitude. É óbvio que a ética é determinada historicamente, caso contrário, entramos no essencialismo, algo que considera uma essência anterior a uma existência. E o essencialismo só é concebível no plano religioso, somente nele se pode falar da Verdade soberana. Está em João 8:32: "Conhecereis a verdade e a verdade vos tornará livres". Em história, se fala em verossímil, e não em verdadeiro, e essa é uma distinção importante. Mas, mesmo que eu entenda, do ponto de vista da diacronia histórica, que a ética é relativa, uma determinada sociedade compartilha valores. Estive recentemente em Papua-Nova Guiné e lá os homens-lama, na montanha Hagen, compactuam com valores que estão ali, provavelmente, desde o período neolítico. São valores tradicionais numa sociedade "fria", ou seja, onde a história acontece num ritmo mais lento. Nessa sociedade, os valores éticos são, especificamente, tradicionais. Na Inquisição, sob o lema "Misericórdia e justiça", era ético matar uma feiticeira. Bater também já foi ético, porque uma das cinco obras de misericórdia espirituais é punir os que erram.

Dimenstein – O holocausto foi apresentado como uma coisa ética.

Karnal – Exatamente. Tudo já foi apresentado um dia como ético. Até aquilo que não é. Ou seja, a nossa ética hoje dialoga com a *Ética a Nicômaco*, de **Aristóteles**. Ela dialoga com a ética à maneira dos geômetras de **Espinosa**, com a ética kantiana. Mas ela é fruto de uma determinada concepção. E a estrutura que estamos discutindo aqui, que é uma crítica à relação ética-verdade-democracia-política, foi analisada de forma muito mais brilhante do que podemos fazer por **Tocqueville**, no século XIX: a democracia é estruturalmente problemática. Posso voltar a Churchill: "É o pior dos sistemas, com exceção de todos os tentados até agora". Por quê? Por que o Brasil se horrorizou com a votação do *impeachment* contra Dilma? Porque o Brasil olhou para o espelho. Algumas pessoas comentaram: "Os deputados falam errado". Bom, a não ser que se conviva na Academia de Letras, veremos cacofonias, silepses de número e prosódias assassinadas.

Dimenstein – O Brasil olhou a própria cara.

Karnal – Sim. E como a Medusa, se horrorizou. Aqueles deputados na votação do *impeachment* contra a Dilma não estavam lá por golpe de Estado. Algumas pessoas reclamaram: "Não, mas tem o sistema proporcional, poucos deputados foram eleitos pelo voto direto, boa parte foi arrastada por campeões de votos". Mas isso não resolve a questão. Porque, assim como Dilma, como Michel Temer, como Eduardo Cunha, todos estão no poder por voto direto e livre de mais de 100 milhões de brasileiros. Claro, seria bom acreditar que o sistema político é podre e a nação é ética. Isso nos tranquilizaria. Vou dizer uma coisa menos populista: acho que a política brasileira é o rosto da nação. Porque considero que, na nossa concepção atual de ética, que naturalmente é histórica, existe uma questão de fazer o certo, e o certo em sua acepção histórica, que começa no trânsito e vai até a presidência. No trânsito, dirigindo fora do rodízio, cobrindo a placa do carro com um adesivo...

Pondé – Que ideia...

Karnal – Já vi várias pessoas fazerem isso.

Pondé – Nunca tinha pensado nisso. Como sou ético!

Karnal – Você é um não ético sem imaginação.

Pondé – Logo, sou ético.

Karnal – Aí vem uma questão brasileira: o que fazemos de errado é uma adaptação; já o que o governo faz de errado não é ético. É a história do dentista – não o meu – que reclama da corrupção do governo e, no final da consulta, pergunta para o paciente se ele quer ou não nota fiscal. E não vê qualquer relação na pirâmide alimentar entre isto e aquilo.

Pondé – Mas não pagar imposto é ético.

Karnal – O não pagar imposto pode ser ético quando **Thoreau** e outros falam em desobediência civil. Thoreau não queria pagar imposto para um governo escravista. **Gandhi** não queria colher sal para um governo colonial. O não pagar imposto, nesses casos, representava publicamente uma ação política. Do mesmo modo que acontece nas situações de desobediência civil, como na sociedade inglesa que se recusava a pagar impostos não provados pelo Parlamento, na época de **Carlos I**. O mesmo argumento foi usado pelos colonos contra as leis mercantilistas impostas por Londres às 13 colônias. Mas isso é essencialmente protestante; a nossa tradição é a hermenêutica. O que existe no Brasil é a incompreensão de que a pirâmide ética começa na família e na escola e vai até a República. Não existe país em que o trânsito seja organizado mediante regras e a política seja caótica. Do mesmo modo que não existe país em que o trânsito seja ilegal e a política seja ética. Em todos os países identificados como transparentes, como a Dinamarca e a Suécia, vemos que o trânsito funciona bem.

Dimenstein – Ou seja, a ética e a política começam nas pequenas coisas.

Karnal – É a *Microfísica do poder*, de **Michel Foucault**, para citar alguém de quem o Pondé não gosta.

Pondé – Quem é mesmo ele? Michel o quê?
Mas, Karnal, entendo que você se refere, quando fala desse conceito protestante, a certa retidão da vontade, dura e puritana. A Dinamarca e a Noruega são países que têm um histórico reformado luterano extremamente violento. Basta ver o cinema de **Bergman**. Então, tudo isso que a gente baba em cima da Escandinávia, da Noruega, da Suécia e de outros países...

Karnal – ... é ruim para a felicidade individual, mas é bom para o grupo.

Pondé – Mas tudo isso tem como sustentação um esquema repressivo gigantesco. A Dinamarca, a Noruega e a Suécia são a prova de que a repressão dos costumes até a alma deixa todo mundo bonzinho.

Karnal – Sem dúvida. **Pavlov** conseguiu isso com os cachorros.

Pondé – Exatamente. Então, o protestantismo fez da Dinamarca hoje esse país que todo mundo acha lindo, maravilhoso. Fez da Noruega um país onde um assassino processa o Estado e sai vitorioso. Acho que, na realidade, Noruega, Suécia e outros são uma espécie de "países Louis Vuitton":* são muito ricos, extremamente repressivos e olhamos de cá achando que a humanidade deu certo lá.

---

* Conhecida grife francesa especializada em bolsas. (N.E.)

Intolerância na democracia

Pondé – Vocês acham que, com o crescimento da população evangélica – e os evangélicos, assim como os protestantes, trazem também um tanto dessa posição intolerante, aguda de comportamento –, talvez a gente esteja começando a passar por uma revolução protestante no Brasil, no sentido de identificação com os valores desse grupo, de uma crença no liberalismo popular, que é essa ideia de que "eu trabalho, tenho meu salário e não quero sustentar quem não faz nada"?

Karnal – Bom, temos que fazer uma distinção. O protestante histórico, o luterano, o calvinista, o presbiteriano, em todas as suas capilarizações, constituíram essa junção entre significado e significante da regra. *"Fiat justitia et pereat mundus"*, ou seja, mesmo que se destrua o mundo, o importante é cumprir o reino de Deus, que às vezes é contraditório. Mesmo que, em Salem, seja preciso enforcar metade da comunidade acusada de bruxaria. Esse é o protestante histórico, tradicional, que, no Brasil, é protestante de imigração. Por exemplo, comunidades de origem alemã etc. Existem os protestantes pentecostais – alguns de origem batista –, que, no Brasil, têm a Assembleia de Deus como maior grupo. Mas o que hoje aparece como organizado de fato é o protestante neopentecostal. Neopentecostais e outros ajudaram a elaborar três grandes teologias do século XX para o XXI: a autoajuda, o empreendedorismo e a teologia da prosperidade.

Cortella – Mas há também a demonização da existência. Isto é, causa externa à ausência. No neopentecostalismo, Deus não é um democrata.

Pondé – Ele é em algum lugar?

Cortella – Ele o é, dentro da perspectiva do protestantismo histórico, que é o livre-arbítrio. Mas no neopentecostalismo, não; Ele é o Senhor. Claro que esse neopentecostalismo tem relação com a nossa urbanização acelerada. Ele é a reinvenção do catolicismo rural. Dos anos 1960 para cá, a população brasileira migra do campo para a cidade. Ao fazer isso, ela traz consigo a música sertaneja, que vai ser modernizada com a guitarra; ela traz a religião com a figura do demônio novamente; ela traz a recusa a quem não vive alguns valores que são aqueles ligados a essa ou àquela religiosidade da simploriedade. Vemos que, enquanto parte dos católicos fala de salvação desde agora – de salvação como sendo a ideia de partilha da riqueza hoje e não aguardar o Éden –, o movimento do catolicismo rural, quando vem para a cidade, traz uma ética específica. Essa ética é aquela da prosperidade, mas Deus só ajuda quem contribui. É uma ética contributiva no campo da religião. Nesse ponto, a ideia de verdade no campo da religião se aproxima da política. Duvido que alguns líderes religiosos realmente acreditem naquilo que estão pregando.

Dimenstein – Você acha que não?

Cortella – Não, aquilo é encenação. Não só para o público, mas para eles também.

Dimenstein – Mas você não acha que eles querem acreditar nisso?

Cortella – A gente sempre quer acreditar.

Karnal – Não tenho certeza, Cortella, mas acho que a fé é tão vasta como signo que pode até haver alguém que, de fato, acredite naquilo.

Cortella – Alguém sim. Por exemplo, eu não acredito que **Chico Xavier** recebesse espíritos, mas tenho certeza de que ele acreditava que sim. Ele não era um farsante. Mas, hoje, não só no mundo protestante, no universo das outras religiões também, eu tenho absoluta dúvida de que o enunciado de alguns líderes religiosos seja por eles acreditado, pois certas coisas são de uma impossibilidade racional. Não é casual que, no mundo católico, se estude filosofia.

Karnal – Sei de um exemplo concreto, Cortella, que é o que representou para a política brasileira que várias lideranças, inclusive Eduardo Cunha, circulassem ao redor desse núcleo pentecostal e neopentecostal. Nem na tradição dos políticos católicos nem da atual "bancada" evangélica existiu a soma entre ação política e ética. A existência de deputados e senadores religiosos ou ligados ao mercado de almas não implicou notável salto ético na política brasileira. Se eu fosse religioso, diria que bancadas identificadas com mensagens religiosas só podem ser uma invenção de Satanás, porque elas são argumento forte para desacreditar a mensagem de Jesus. Cunha é um bom exemplo.

Dimenstein – É uma mudança na política brasileira.

Cortella – Mas isso porque o Cunha é popular. E ele arrebanhava. Porque existem católicos e judeus não praticantes, mas isso não acontece entre os evangélicos.

Karnal – É que, no judaísmo, a identidade não é dada pela ida à sinagoga, mas por critérios que podem ser, por exemplo, o sentimento de pertencimento, ou o fato de ter a mãe judia, ou por ser reconhecido como judeu e não exatamente como um cumpridor do jejum do Yom Kippur, o Dia do Perdão. Mas, o judeu entende, por exemplo, que **Woody Allen**, mesmo se dizendo ateu, é judeu. Aliás, não há ninguém mais judeu que ele. Já um católico não reconhece num ateu um católico.

Dimenstein – Vejo que o Brasil passa por um momento em que, curiosamente, há democracia, mas também muita intolerância. Não sei até que ponto essa intolerância é maximizada, otimizada pelas redes sociais. Nelas, todo mundo pode ter uma espécie de tribuna, jornal, emissora de rádio. Todo mundo pode ser um nano **Chateaubriand**, enfim. Muitos se sentem donos de um pequeno império.

Cortella – Acho que a intolerância vem à tona quando se tem disputa de poder por um ponto de vista. Vou dar um exemplo histórico.

O Brasil foi formado historicamente com a cruz e a espada. Juntamente com os navegantes colonizadores, vieram sacerdotes. Não é casual que a mais lembrada representação pictórica da fundação de nosso país seja o quadro pintado por **Victor Meirelles**, em 1860, "A primeira missa no Brasil", que foi celebrada por frei **Henrique de Coimbra**. Lembro daquele livro *O combate dos soldados de Cristo na terra dos papagaios*.[*] A única religião monoteísta com a qual o catolicismo colidiu aqui foi o islamismo, na Bahia, com a Revolta dos Malês. Foi a única vez em que se produziu um massacre. Aceitava-se que alguém fosse pagão, que fosse politeísta, que não tivesse o mesmo deus, mas não que dissesse que seu deus era mais forte e único. Se observarmos nossa história, o único confronto de poder que se dá nesse campo é quando dois monoteísmos colidem, e isso acontece quando se tem uma disputa e não

---

[*] Luiz Felipe Baêta Neves. São Paulo: Forense Universitária, 1978. (N.E.)

uma convivência. O Brasil não tinha esse nível de intolerância porque não havia força no outro lado para reagir à tolerância, ou à intolerância. Até há 40 anos, numa cidade do tamanho de Campinas, no interior de São Paulo, a pessoa ou era católica ou era católica. Caso contrário, não vendia no armazém. Ou ela ia à igreja ou não tinha negócio para fazer. Não se podia não ser do grupo majoritário. Se a pessoa fosse espírita, praticava a religião em silêncio. Se fosse maçom, ficava lá no próprio canto. Essa abertura, que acho que é o cosmopolitismo que traz, mesmo em cidades menores, faz com que a intolerância venha à tona por uma razão: agora o outro pode reagir. Quando isso acontece, chamamos de intolerância. É como a temática em relação ao racismo: ela vem à tona como discussão quando o grupo minoritário politicamente consegue reagir. Outro exemplo, o machismo só aparece como categoria de análise quando o feminino ganha força no mercado. Todas as vezes em que alguém me pergunta se temos um nível maior de intolerância, digo que sim porque hoje outras forças podem combater. E esse combate se dá no mundo da política.

"Um homem, um voto"

Dimenstein – Do nascimento da democracia até hoje, no mundo todo, o que mudou essencialmente? Ou ela não mudou?

Cortella – A democracia tem parte de seu berço na Antiguidade. Exceto por um princípio da ideia de decisão por parte do cidadão, ela raramente coincide com o que há na modernidade. Na Grécia, por exemplo, discutia-se quem era o cidadão, quem tinha direito ao voto.

Karnal – Que era o caso de **Péricles**, filho de pai e mãe ateniense, maior de 18 anos. O cidadão não podia ser escravo, não podia ser meteco.[*]

Cortella – E Péricles representava o quê? 15% da população de Atenas?

Karnal – Em Atenas, na época com 400 mil habitantes, prováveis 40 mil tinham direito ao voto, o que representava, portanto, 10% da população. Como esse homem-cidadão era o total da consciência; como o escravo não tinha humanidade

---

[*] Termo que designava os estrangeiros que moravam nas cidades-estado gregas, sobretudo em Atenas. (N.E.)

(Aristóteles o chamava de instrumento vocal, ou seja, uma ferramenta que falava); como a mulher, a *giné*, ficava absolutamente fora de todo o círculo, Péricles pôde dizer, em seu famoso discurso funerário colhido por **Tucídides**, que aquele era o governo da maioria. A nossa democracia foi incluindo mulheres, analfabetos, negros, menores de 18 anos, portanto, tivemos uma ampliação numérica. Mas ainda há, de forma indireta no Brasil, uma decisão sobre quem pode, por exemplo, mandar. Nós fomos roubados, historicamente, por pessoas poliglotas e com português parnasiano. Quando alguém diz "*menas*" ou "para *mim* fazer", achamos um absurdo, porque existe a categoria dos autorizados a exercer o poder. E eles precisam ter determinada linguagem.

Dimenstein – Um conhecimento mínimo não seria necessário, então?

Karnal – Mas aí temos que definir o que é conhecer. Saber que a capital do Nepal é Katmandu ou a da Mongólia é Ulan-Bator? A grande questão é o que é o conhecimento válido. Por exemplo, a precisa noção do que é classe ou estamento torna Fernando Henrique Cardoso melhor político do que o não conhecimento desses conceitos weberianos por Lula? Talvez essa seja a grande dor do PSDB.

Dimenstein – Só para contextualizar: da Grécia até hoje, o que mudou?

Cortella – O princípio grego é "um homem, um voto". Mas o que é um homem? É um homem, literalmente, no sentido de gênero, de etnia, de nacionalidade e, claro, de riqueza. Portanto, por absurdo que pareça, é uma democracia aristocrática. Quando se chega a Roma, não há essa percepção da democracia; ela é ainda mais excludente, pois comandada pelo Senado, do qual só podiam fazer parte os patrícios (membros da nobreza, proprietários de terras), deixando de fora os plebeus. Podemos ver que a modernidade traz uma discussão sobre o que é um ser humano como indivíduo. E, aí, é *ser humano*, e não *homem*. Essa percepção do ser humano como indivíduo vai marcar uma democracia de outra natureza. **Rousseau**, tão bem apaniguado por nós em vários momentos, era avesso à ideia de democracia representativa.

Pondé – Grande picareta...

Cortella – Exatamente. O Pondé às vezes compara **Paulo Freire** a Rousseau...

Pondé – Paulo Freire é descendente dele...

Cortella – Veja que coisa boa: a ideia de ter uma democracia representativa é muito mais uma solução de demografia do que de democracia. A tal ponto que não se tem na Suíça, nem em vários cantões, nenhuma necessidade de democracia representativa. Você pode fazer "um homem, um voto" em qualquer circunstância.

Dimenstein – Mas, voltando para a Grécia, havia a ideia da ágora, de se ter quase que uma democracia direta. Essa ideia hoje, com a comunicação, não se torna algo palpável? Você não acha que esse conceito de "um homem, um voto" cria um ideal grego de democracia da forma como a imaginamos?

Karnal – Gilberto, você tem que levar em consideração que há uma "modernidade" enorme na Grécia. O critério censitário foi eliminado no período clássico da democracia ateniense, ou seja, o homem ateniense maior de idade podia votar, mesmo que fosse um pobre. O voto universal foi quase eliminado do mundo ocidental até os séculos XIX e XX. A ideia de que não precisa existir distinção de renda aparece no discurso de Tucídides sobre Péricles e, na comédia, quando **Aristófanes** faz uma ironia n'*A assembleia de mulheres* sobre essa democracia em que o padeiro pode emitir a mesma opinião que o filósofo. **Platão** sugeriu um governo feito por filósofos. Eu diria que, de todos os desastres imaginados pela democracia, esse seria o maior. Quando o grande filósofo tentou influenciar o governo concreto de Siracusa, o resultado foi um caos absoluto, e o próprio Platão virou escravo.

Cortella – Mas Platão tinha bons amigos que o compraram de volta!

Pondé – Acredito que há duas coisas que, de alguma forma, fortalecem a democracia do ponto de vista do sujeito, "um homem, um voto". Em primeiro lugar, temos novamente a idealização do povo na democracia quando pensamos que algo de bom acontecerá porque ele ascendeu às mídias sociais. Penso que essa seja uma das contradições que vivemos hoje, principalmente do ponto de vista dos intelectuais. Nós, normalmente, gostamos do povo como abstração numa sala de aula. Gostamos da ideia de povo quando queremos dizer que alguém é contra o povo e que nós somos a favor dele. Mas quando o povo se pronuncia... Quando o povo se mostra em suas crenças, que consideramos preconceituosas, ultrapassadas, atrasadas, aí ele aparece de fato tal como é. E não é esse o povo que os intelectuais têm como ideal. Nós temos o conceito de povo que abraça o nosso conjunto de ideias. Uma das coisas que acho mais interessantes é a contradição entre o discurso sobre a democracia produzido pela *intelligentsia* e o próprio mal-estar que a *intelligentsia* tem com a democracia.

Dimenstein – Ou seja, a democracia é linda desde que não tenha povo.

Pondé – Desde que não tenha povo e desde que seja só eu e mais quatro pessoas...

Cortella – Ou que você tenha um povo com mais formação. É um Iluminismo militante ainda.

Pondé – Esse Iluminismo militante é que faz com que a gente ache que esse povo que existe não é um povo suficiente.

Se pensarmos, por exemplo, na instituição da universidade, não há nada menos democrático do que ela, que é cheia de nuances, de acordos, de *lobbies*...

Dimenstein – O reitor é magnífico até hoje.

Cortella – Assim como os magistrados.

Pondé – O conceito de um povo, "um homem, um voto", na democracia mediada pelas mídias sociais, traz à tona essa idealização do cidadão. Mas, ao mesmo tempo, a *intelligentsia*, quando olha para o povo como ele de fato é, fica horrorizada! Estamos todos aqui falando a favor do bom convívio, mas nas mídias sociais as pessoas brigam e fazem um raciocínio curto do ponto de vista do outro.

A segunda coisa que, em minha opinião, fala muito a favor da democracia hoje é o avanço da sociedade de mercado e da noção de consumo. Participei de um evento, poucos anos atrás, com o **Renato Meirelles**, do Data Popular, e havia o indicativo de que o brasileiro, quando começa a consumir, começa também a pensar em sua relação com o Estado: "Eu pago imposto, portanto quero ter o retorno disso, assim como compro um sapato e quero que ele seja bom". Portanto, acredito que um dos vetores de educação da democracia, hoje, seja a consciência do consumidor em relação a seus direitos.

Dimenstein – O consumidor, no Brasil, nasceu antes do cidadão.

Pondé – Talvez.

Dimenstein – Ele sabe muito mais de seus direitos do que o cidadão sabe. Se, por exemplo, o professor da escola pública falta, ninguém reclama.

Pondé – Acho que o consumidor é o cidadão possível da democracia representativa de base.

Dimenstein – Se ele, por exemplo, compra um liquidificador que se mostra depois quebrado, não tem dúvida de que a loja tem que fazer a troca do produto.

Pondé – Essa é a relação mais imediata do convívio cotidiano. Se a pessoa compra um televisor e descobre que ele não funciona, vai à loja e solicita a troca ou pede o dinheiro de volta.

Dimenstein – E consegue.

Pondé – Claro.

Cortella – Há um componente religioso histórico nisso tudo. Assim como nas religiões, a cruz e a espada se juntaram à ideia de dízimo. Falando do universo católico, da capacidade de sustentação, do senhor de terras doar a vaca ou o milho para fazer a quermesse etc., a nossa concepção de cidadão é tardia, de fato. A tal ponto que, até hoje, somos chamados de contribuintes. Mas isso é absolutamente cínico, é uma ofensa. Eu não sou um contribuinte. O imposto é imposto, não voluntário. Se fosse voluntário, eu não faria a minha declaração de renda. A ideia de que a comunidade decide passa para a escola. Nos Estados Unidos, em boa parte das escolas, a professora é escolhida pela comunidade. Também o xerife é eleito pela comunidade.

Karnal – Os pastores e rabinos são contratados pela comunidade.

Cortella – Não há um governo centralizado. Por que estou dizendo isso? Porque um norte-americano enfrenta o poder público dizendo: "Eu sou um *taxpayer*", isto é, "Eu sou um pagador". Jamais ele usa a expressão "contribuinte", pois, que contribuição é essa?

Dimenstein – Ou seja, na ótica brasileira, o cidadão se acha um servo. "Eu não sou dono deste país, eu sirvo este país."

Cortella – Não mais. Ninguém em sã consciência admitiria numa escola pública ficar horas numa fila atrás de matrícula sem que houvesse um bebedouro ou um lugar para sentar enquanto aguarda a vez, se não fosse o financiador daquilo. Isso é óbvio. Mas, por exemplo, já vi professor de escola pública dizer em relação à merenda: "Esse povo, hein? Come de graça na escola e reclama". Essa é uma lógica estapafúrdia! A merenda é fruto de tributação. Não é doação; é devolução. Não devolvê-la é estelionato.

Dimenstein – Ou seja, o sujeito vai ao posto de saúde, por exemplo, e acha normal o médico não estar lá. Ele vai à escola e acha normal o professor não estar ali.

Cortella – Quer dizer, cada dia menos ele acha normal.

Dimenstein – Mas não acha normal a loja não trocar um produto ou lhe devolver o dinheiro. Estou colocando o seguinte: a crise brasileira não deriva do fato de que as pessoas não se veem como sócias do país, colocando-se abaixo dele? De que elas não se veem como acionistas do país, apenas como espectadoras da coisa pública? Elas não lembram em quem votaram, não acompanham o que político faz nem se manifestam no que ele faz. Ou seja, têm uma expectativa alta em relação ao governo, mas uma expectativa baixa a respeito de si mesmas.

Karnal – Analise, Gilberto, o truísmo mais clássico do nosso povo: "O brasileiro não sabe votar". Essa frase é enunciada pelo próprio brasileiro. Ela implica duas consequências: eu sei votar e eu não sou brasileiro. A premissa já me exclui nesse caso. "O brasileiro não sabe votar" significa que eu olho para o país de um ponto em que não me incluo. A primeira pessoa do plural jamais é usada: "Nós, brasileiros, não sabemos votar".

Cidadania *mi-mi-mi*

Dimenstein – Tive a chance de morar em duas épocas da minha vida nos Estados Unidos. Morei em Nova York e em Cambridge, ao lado de Boston. Algo que aprendi com os americanos, tanto nos museus quanto no dia a dia, foi o seguinte: somos todos parte da solução. Todo americano colabora em alguma entidade, algum asilo.

Cortella – Mas o americano não participa da política nacional. Porque o voto é optativo e o número de participações é absolutamente longínquo.

Dimenstein – Mas ele tem alguma atividade dentro da comunidade. Se ele é rico, vai ajudar na universidade, contribuir com alguma pesquisa. Quando eu ia aos museus americanos, principalmente em Washington, o que mais me impressionava – e que só depois fui entender – era o fato de pequenos gestos estarem ali registrados. Por exemplo, o primeiro negro que pilotou um avião. A ideia é que, com um pequeno gesto, alguém se torna grande.

Karnal – Essa é a ética do Smithsonian, complexo de museus que dependeu, em sua origem, de doações particulares. O imaginário americano foi construído em torno da ausência do Estado. Uma cena que não é fundacional, mas assim se tornou, em 1620, é um navio, o Mayflower, indo embora e as famílias descendo em Massachusetts, nos Estados Unidos.

Cortella – Por isso, longe do rei, o uso da expressão "nova" nos topônimos do território aportado: Nova Inglaterra, Nova York, Nova Jersey.

Karnal – Desde que o Romantismo inventa o período colonial no século XIX, o nosso imaginário é o Estado. A primeira missa no Brasil reúne o almirante **Pedro Álvares Cabral**, o frei Henrique de Coimbra, enquanto a população futura – ou seja, os indígenas – apenas assiste a tudo. O povo é orientado pelo Estado. Dom Pedro I, ao jurar à Constituição, previamente à aprovação dela, diz: "Eu a jurarei se ela for digna de mim e do Brasil". Ou seja, dom Pedro antecede a Constituição. Os americanos fazem a primeira bandeira com 13 listras e 13 estrelas, bordadas por **Betsy Ross**, para simbolizar a total indistinção das colônias. Já os brasileiros encomendam a **Debret** um retângulo verde da dinastia de Bragança e um losango amarelo dos Habsburgos, a coroa de dom Pedro e mais a vocação monocultora de tabaco e café dos dois lados da bandeira. Na República, coloca-se na bandeira o céu do Rio de Janeiro no dia da Proclamação, o céu que assistiu ao golpe de Deodoro e que iluminou seu cavalo desfilando entre o povo "bestializado". A nossa bandeira, portanto, exalta o

Estado. O Estado brasileiro é a chave de quase tudo, e políticos conservadores como Getúlio Vargas e comunistas como **Luís Carlos Prestes** concordavam numa coisa: fortalecer o Estado para resolver problemas do país. Quando **Reagan**, ao tomar posse, disse: "O Estado não é a solução do problema; o Estado é o problema", ele fez uma profissão de fé liberal, conservadora, total. Nós não temos, no Brasil, nenhuma tradição liberal ou anarquista sólida. Tínhamos anarquismo na República Velha, mas não vivemos uma tradição sólida de limitação do Estado. Aqui, o que há em comum entre os partidos que estão se agitando é que, no fundo, todos querem o Estado. Uns querem o Estado dando terra quilombola, outros querem o Estado protegendo com Bolsa BNDES e recusando Bolsa Família. Mas todos querem o Estado.

Dimenstein – Na última vez que fui aos Estados Unidos, vi uma exposição que me chamou a atenção: era uma campanha contra a paralisia infantil naquele país. Eles criaram uma campanha incrível em que cada um dava US$ 0,10 para ajudar a encontrar a cura da paralisia infantil. Já o brasileiro, de modo geral, espera muito do Estado e pouco de si mesmo, o que gera uma espécie de cidadania *mi-mi-mi*. Há queixas o tempo todo, mas ninguém faz nada. A pessoa espera que o presidente, o prefeito, o vereador resolvam alguma coisa, mas ela mesma joga papel no chão. O cidadão brasileiro tem uma relação quase de adolescente com o Estado, ou seja, o sujeito se vê como parte do problema, mas não da solução. Ele considera o Estado corrupto, mas se coloca como dependente dele.

Pondé – O *mi-mi-mi*, para mim, virou um conceito filosófico. Vivemos uma época *mi-mi-mi*. Todo mundo se sente ofendido, todo mundo reclama, mas ninguém faz nada. Quando o americano é *taxpayer*, ele se vê como parte da solução, está arrolado ao processo, inclusive para apontar quem ele acha que deve ser cobrado. Principalmente na dimensão daquilo que **Adam Smith** e **Edmund Burke** chamavam de *little platoon*, que é o que não temos no Brasil: a cultura de comunidade, do lugar onde se vive. Esses autores dizem que é daí que nascem, na verdade, as noções de cidadania, ética coletiva, política, e não na relação com o Estado, que é uma entidade distante do indivíduo. O próprio Tocqueville também tinha essa compreensão. Portanto, entendo que os americanos tenham uma percepção de *taxpayer*, participação, cidadania em grande parte mediada por esse viés de que cada pessoa é parte da solução. Já aqui no Brasil, podemos pular de uma posição em que não temos nenhuma relação com o Estado, não o cobramos, ficamos sem professores e médicos, para uma situação que é essa tal cidadania *mi-mi-mi*. Não é a mesma postura americana, e sim uma posição em que deixamos de participar mas, em contrapartida, esperamos que o Estado nos dê tudo. Saímos da posição de coitadinho para a posição de coitadinho que demanda tudo do Estado.

Essa é a cidadania *mi-mi-mi*. É uma situação em que ficamos dependentes do Estado, esperamos que ele nos sustente, que ele seja assistencialista, que resolva um problema muito grave que é o seguinte: sempre queremos ser felizes como vítimas sustentadas pelos outros.

Dimenstein – Você quer dizer que privilégio vira direito.

Pondé – Exatamente, privilégio vira direito. A gente cai numa situação que acho bem perigosa, que é assim: não perceber que a vida não tem garantia, que os outros não têm obrigação de fazer com que sejamos felizes o tempo todo.

Cortella – Mas não queremos pagar por isso.

Pondé – Exatamente. Queremos receber.

Cortella – Temos associações comerciais espalhando pelos campos afora o impostômetro, mas ninguém coloca o sonegômetro. A Receita Federal calcula, por exemplo, que em 2012 foram sonegados R$ 400 bilhões. São tributos que não foram recolhidos aos cofres públicos. Há duas maneiras de roubar o dinheiro coletivo: tirar ele de lá, como no caso do Petrolão, e não deixar que entre no cofre.

Pondé – Mas vejo que, no Brasil, temos uma tributação que incentiva a sonegação de impostos. Porque se o empresário médio pagar a tributação, ele quebra em dois meses.

Cortella – Esse argumento é discutível. É o argumento de alguns empresários, de que há uma incompatibilidade entre lucro e taxação adequada.

Pondé – Não concordo. No Brasil, se alguém abre uma empresa e começa a pagar 200 empregados e todos os tributos embutidos, será difícil manter-se. Acredito que, quando os empresários reclamam disso, eles falam como causa devida. Eu, pessoalmente, acho que, quando não empregamos ninguém, é fácil discutir lei trabalhista, taxação... Quem não emprega, não tem noção do que é passivo trabalhista, de que o processo para demitir um funcionário, no Brasil, é muito lento, pois o patrão será multado por isso. Como se demitir alguém fosse um ato criminoso, uma infração. O empresário, então, empurra a situação "com a barriga", dá férias coletivas aos funcionários...

Cortella – Mas, então, a sonegação seria justa?

Pondé – Não, não estou dizendo que a sonegação seja justa. A sonegação existe em vários níveis, inclusive entre os não empresários. O empresário, assim como todo mundo, vai tentar pagar menos impostos e, portanto, perder menos dinheiro. O que eu estava dizendo é o seguinte: a malha tributária no Brasil é complexa, extremamente kafkiana, e os fiscais de todo tipo no Brasil, inclusive de renda e trabalhista, sempre ganharam muito dinheiro justamente em cima dessa tributação complicada.

Cortella – Mas se essa legislação, por exemplo, no campo tributário dificulta a democracia de participação ativa, e se esse legislativo na história do país é, em grande medida, ocupado pela elite, então a elite preparou uma malha tributária para ela?

Parte da elite econômica, portanto da aristocracia brasileira, reclamou nos últimos cinco anos da ausência de trabalhadores qualificados, de que a escola no Brasil não formou pessoas para o capitalismo etc. Eu costumo lembrar que foram vários os ministros da Educação no Brasil filiados ao PFL desde a Nova República: **Marco Maciel**, de Pernambuco; **Jorge Bornhausen**, de Santa Catarina; **Hugo Napoleão Neto**, do Piauí; **Carlos Chiarelli**, do Rio Grande do Sul. Isto é, num período de 20 anos, a educação como política pública no âmbito nacional foi dirigida pelo PFL, ou seja, por um grupo de empresários – ou seus representantes – que aponta, não no governo de Fernando Henrique, mas no de Lula, que a geração de adultos está malformada, precisa de ensino técnico etc. Assim, a elite cria essa "cama", essa legislação que "obriga" o empresário à fraude, que desqualifica a educação e, depois, se coloca como viúva do Estado.

Pondé – Concordo. Mas acho que, no Brasil, todo mundo é viúva do Estado. É como o Karnal colocou anteriormente, o que não existe aqui é uma tradição liberal, com todos os seus acertos e erros.

Dimenstein – Quando você fala de elite, Cortella, eu tenho uma visão mais ampla. Para mim, quem realmente é elite no Brasil, que ganha mais e tem mais estabilidade, é o funcionário público. As aposentadorias federais, estaduais e municipais e os salários no setor público são os maiores de todos. E disso deriva boa parte dos rombos orçamentários que temos no país.

Pondé – O maior fundo de pensão aqui é de funcionário público.

Dimenstein – O desperdício de dinheiro público é algo muito mais grave que a corrupção, muito mais caro e complexo que ela, e a mídia pouco trata disso. É mais fácil falar de corrupção: ela tem o bom e o mau, como num *reality show*. A mídia transformou a corrupção numa espécie de ópio. Tomemos a Petrobras como exemplo. Quanto dinheiro foi gasto com corrupção e quanto o foi devido à má gestão? Poucos prestaram atenção em um fato muito importante: apesar de ter ações na Bolsa, o maior acionista da Petrobras é o governo, e o PT indicou um sindicalista para chefiar o RH, o que corresponde a colocar um morcego para cuidar de sangue. Toda pessoa que exerce uma profissão de risco recebe um adicional de periculosidade, mas na Petrobras o salário de todos os empregados foi equalizado, mesmo o daqueles que trabalham na parte administrativa. A folha de pagamento aumentou enormemente por conta disso. Na sequência, o pessoal que atua efetivamente em áreas de risco acionou a justiça para exigir o diferencial de salário. Imagine o tamanho do rombo!

O que estou dizendo é o seguinte: na esfera pública, muda o governo, para o projeto. O governo federal e o estadual não se comunicam. Por exemplo, um secretário de Esportes não fala com o da Cultura. E, assim, temos um manancial de bilhões que é gasto por ineficiências, por contratações indevidas. Agora, os estados estão quebrados, como nunca estiveram. Qual a solução? Aumentar impostos? É por isso que você falou, Pondé, que acha que a sonegação pode ser justa. Se eu pudesse criar uma única norma, eu estabeleceria que as pessoas pagassem o imposto de uma única vez, e não todo dia. Durante quatro meses, elas apenas pagariam imposto e não fariam mais nada. Depois, nos oito meses seguintes, poderiam ganhar o dinheiro só para si. Acredito que, assim, as pessoas teriam uma noção mais clara do que é o imposto. Portanto, vejo que existe essa condição do *mi-mi-mi* combinada com a ideia de que o sujeito não é dono do Estado. Cada um quer a sua parte do bolo. Se existe a Bolsa BNDES, há também a Bolsa Funcionário Público.

Pondé – Devia existir a Bolsa Mi-mi-mi!

Dimenstein – Cada um vai tentando garantir o seu quinhão no Estado.

Pondé – Há a suposição de que a soma dos interesses individuais resulta no interesse coletivo.

Cortella – É a clássica frase da fonte teórica principal do liberalismo econômico, Adam Smith, no Livro Primeiro de *A riqueza das nações*: "Não é da benevolência do açougueiro, do cervejeiro ou do padeiro que esperamos nosso jantar, mas da consideração que eles têm pelo seu próprio interesse. Dirigimo-nos não à sua humanidade, mas à sua autoestima, e nunca lhes falamos das nossas próprias necessidades, mas das vantagens que advirão para eles".

Karnal – Como funcionário público, considero que o Estado gasta mal, que existe um corporativismo. Mas acredito que há um ranço liberal que é supor que todo funcionário público é bem-pago. A média dos professores do Estado – que exercem uma das funções mais fundamentais de todas, que é a educação – ganha muito menos que a secretária de uma empresa. Muito menos. Trabalhar 40 horas por semana para ganhar mil e poucos reais é brutal, e a aposentadoria integral também não chega a ser um privilégio. Concordo que, sim, existem os marajás, os desequilíbrios, o célebre salário dos ascensoristas do Senado e outros, mas são uma exceção absoluta. Quer dizer, lá na trincheira, o funcionário público é muito malpago, espezinhado por um governo que ainda pode lhe suspender o pagamento do salário e lhe pedir paciência por isso. Portanto, nós, que pertencemos à classe média, vemos, sim, o Estado como desperdiçador. Para o pobre, o Estado e seu precário SUS são a única coisa que o separa da morte. Para muita gente, a escola pública, os *shows* gratuitos, as vacinas sem ônus são a única alternativa. Nesse campo, o Estado pode e deve atuar.

Cortella – A nossa relação com a polícia é diferente daquela da população que só tem a viatura para levá-la até o hospital.

Dimenstein – Mas, efetivamente, o dinheiro público é desperdiçado.

Karnal – Sem sombra de dúvida.

Dimenstein – Concordo quando você, Karnal, faz a colocação do professor, mas será que os funcionários públicos são contratados e cobrados com o devido rigor?

Karnal – Aí nós estamos questionando o concurso, não o pagamento.

Dimenstein – A minha questão é que existe um jeito de ser do brasileiro, que é o corporativo, e isso não só no caso do funcionalismo público. Tanto o sujeito que é muito rico, quanto aquele no outro extremo, cada um quer o seu quinhão. E no corporativismo, muitas vezes, o cidadão aparece como uma figura virtual, a corporação fica acima do indivíduo.

Cortella – Mas veja só, Gilberto, há várias lendas. Por exemplo, a de que o Brasil é um país com muitos feriados. No entanto, há mais feriados nos Estados Unidos, na Suécia e no Japão do que aqui! O Japão tem 16 feriados anuais, a Suécia conta com 12; nós somamos 11. E sempre que temos um feriado, alguém diz: "É por isso que o país não avança". Outra lenda é a de que existem muitos funcionários públicos no Brasil. Mas essa massa é absolutamente lesada em termos de condição em comparação com o mercado, o Brasil não está entre os países com o maior número de servidores públicos. Temos, sim, uma aristocracia dentro do serviço público, mas tal qual na nação. Diante disso, eu queria voltar à inversão que acho curiosa: nós sempre tivemos na nossa história a aristocracia, que eu chamo de elite, como sendo aquela que ocupou o Estado. As elites organizam o Estado, fazem uma legislação a seu favor, ocupam o Legislativo de uma maneira mais intensa mas, no momento em que há uma degradação da convivência, responsabilizam os últimos dez anos, num país que completou 516. Não sei se é o que o Pondé chamava de "falta de liberal autêntico"... Afinal, se não é um liberalismo, é o quê? Uma plutocracia?

Pondé – Penso que não há mesmo no Brasil mentalidade liberal. O que existe aqui é, de um lado, uma cidadania *mi-mi-mi* crescente – e acho que o PT armou em grande medida essa "cidadania" com movimentos sociais de todos os tipos – e, de outro, o que você chamou de plutocracia, Cortella. Entendo que há, sim, historicamente, uma oligarquia, mas ela não guarda nenhuma relação com o pensamento liberal, que é mais ligado ao sujeito da camada média, àquele indivíduo que dá emprego para 10, 15, 100 pessoas. E também não vejo o Lula como figura representativa do povo, e sim como um *boy* das empreiteiras. Ele é um sujeito absolutamente caudilho associado a essa elite a que você chamou de plutocrática. Portanto, de um lado temos Bolsa Mi-mi-mi e, de outro, Bolsa BNDES. Quer dizer, temos dois modos de operação e ambos excluem a noção de competição, de meritocracia, de autorresponsabilidade, e isso não é liberalismo nem no sentido clássico, nem no sentido americano.

Karnal – E certamente não é socialismo.

Pondé – Concordo. As sociedades que instauraram o socialismo historicamente no século XX na sua matriz marxista degeneraram em regimes autoritários, destrutivos da liberdade individual, que manipularam a imprensa e tudo o mais. Mas, se podemos dizer que nos Estados Unidos e na Inglaterra, em alguma medida, temos sociedades um pouco mais próximas do ideal liberal, no Brasil não há nem *intelligentsia* liberal. Na universidade não existe praticamente ninguém que pense de alguma forma fora da matriz marxista. Noventa e tantos por cento da *intelligentsia* brasileira pensa numa chave que vai de Marx a Foucault e alguns outros.

Cortella – E não poderia?

Pondé – Não disse que não poderia. Estou dizendo que não se coloca outra possibilidade. Há um monoteísmo temático, um monoteísmo hermenêutico, um monoteísmo no ponto de vista da narrativa da história, da historiografia. Assim como temos uma elite representada, *grosso modo*, pelas empreiteiras – mas não só –, que detém o monopólio da máquina do Estado até hoje, temos na academia o monopólio que se desdobra da elite colegiada até a produção de bolsas na parte mais baixa, a produção de pesquisa e tudo o mais, que está também fechada dentro de um monoteísmo hermenêutico, historiográfico.

Cortella – Mas no modelo da democracia grega clássica.

Pondé – Sim, mas a democracia grega clássica não é democracia para nós.

Cortella – Mas a universidade também não representa o nosso conjunto social.

Pondé – Não, ela não representa. Ela representa o conjunto social da elite letrada no sentido das pessoas que produzem conhecimento. Veja só, se há uma monotonia de discursos de uma elite que a gente costuma chamar de "coxinha", existe um monoteísmo temático na elite intelectual brasileira que dá sono. Aqui, não existe partido liberal nem sequer a noção desse sistema que é, inclusive, bastante complexo historicamente. No Brasil, há aqueles que querem viver do Estado porque acham que o Estado tem que garantir a vida deles; e aqueles que querem viver do Estado porque acham que o Estado tem que protegê-los da competição, da instabilidade, da insegurança. Talvez uma das questões mais interessantes a se analisar numa história futura sobre o período em que vivemos é em que medida o discurso da pobreza e da justiça social, o discurso da eliminação da desigualdade social – que acho um erro metodológico, pois considero que o problema é a pobreza, e não a desigualdade –, se transformou num manancial retórico, inclusive para repetir a mesma matriz: corrupção, patrimonialismo...

Cortella – Mas isso não invade a prática. Fico imaginando o que seria hoje uma pátria liberal. Tomemos, como exemplo, a nação norte-americana, que é a encarnação no contemporâneo do que seria, em tese, a Inglaterra de **Thatcher**, o liberalismo. Mal a economia dos Estados Unidos quebra em setembro de 2008; mal há a falência do Lehman Brothers e, na sequência, da AIG Seguradora; mal a General Motors pede concordata, a primeira coisa que o capital norte-americano faz é injetar dinheiro público na economia, o que é absolutamente fora de qualquer princípio liberal.

Pondé – Sim, mas dinheiro público esse que chega ao Estado devido ao enriquecimento das empresas que pagam impostos.

Cortella – Sim, também, mas essas empresas mantêm o seu nível de "hemofilia" – de retirar o sangue nacional, para usar um termo da esquerda – em países onde não pagam impostos, como na África ou no Brasil. Por exemplo, todo ano a indústria automobilística aqui filiada reclama de prejuízo, mas as matrizes estão enriquecendo.

Pondé – Uma coisa é a narrativa de que a crise americana de 2008 aconteceu, na verdade, porque o governo **Clinton** obrigou à ampliação do nível de financiamento de forma populista, o que acabou quebrando os bancos. Essa é uma narrativa – e vivemos num mundo de narrativas – que, na realidade, dá a entender que o problema da crise de 2008 nos Estados Unidos não foi propriamente a livre e pura atividade do mercado – e nem eu estou defendendo o mercado como completamente solto, não acho que ele seja Deus. Assim, essa narrativa põe o foco da crise na ingerência do governo Clinton em querer fazer com que os bancos ampliassem os financiamentos a tal ponto que eles explodiram. Outra coisa é o Estado americano investir algum dinheiro para tentar reverter o cenário e, depois, a economia começar a andar sozinha. Lá, funciona dessa forma, o país anda quase sozinho. Não me parece pecado, então, em momento de crise, o Estado injetar dinheiro na economia, na medida em que o dinheiro do Estado é da economia.

Cortella – E aqui não é assim? Você falava em Bolsa BNDES...

Pondé – Não, não estou dizendo que não. Mas querer comparar a economia americana e a operação dela com a economia brasileira é quase uma piada. São cenários completamente distintos. A economia brasileira é falsa, nunca foi liberal, nunca foi competitiva. Se os Estados Unidos passam por uma crise pontual, logo se recuperam. No Brasil, ninguém se recupera também porque o Estado estrangula para gerar dependência, como a Bolsa BNDES. E já são mais de 500 anos de Bolsa BNDES!

Incoerências da democracia brasileira

Dimenstein – Na democracia, em que o Estado é forte, o culto ao mérito, ao esforço não seria uma coisa brasileira?

Pondé – Pouco. Acho que pouco.

Karnal – Começou a crescer, talvez por influência de MBAs americanos. Nós, brasileiros, gostamos mais da origem aristocrática do que de mérito. É a cultura do "você sabe com quem está falando?". O nosso liberalismo é incoerente. A Fiesp (Federação das Indústrias do Estado de São Paulo), que apoiou e patrocinou parte da ditadura, inclusive a repressão, a Operação Bandeirantes, é a mesma Fiesp que não quer "pagar o pato", que acusa o governo de não cumprir a lei.

Pondé – Concordo que existe essa incoerência da Fiesp, que você, Karnal, narrou historicamente, e que revela, portanto, certo oportunismo. Acho que o oportunismo é uma das leis da gravidade do mundo político. Mas assim como ele está presente na Fiesp, existe o oportunismo, por exemplo, de universalizar a corrupção, quando se diz que todo mundo corrompe, num momento em que há um caso sendo investigado.

Cortella – Esse é o pior argumento.

Pondé – Mas é um argumento retórico que retoma nossa discussão inicial: a dificuldade da verdade e da ética numa concepção mais kantiana e a democracia. Tomado num escopo um pouco maior, esse argumento na realidade reforça a ideia de que há uma incoerência de fundo no comportamento das instituições. Como você dizia, Cortella, o PFL foi dono da educação durante muito tempo no país. E, no entanto, o próprio PFL, que representa uma suposta elite econômica, reclama da educação. De novo, temos uma incoerência. Por isso, pergunto: em que medida essa incoerência não está presente em todos os movimentos políticos? Quer dizer, não seria também a história incoerente, a partir do momento em que ela é usada para se fazer um recorte que justifique determinada situação, forçando o receptor da mensagem a pensar que há sentido naquilo?

Karnal – Acredito que exista uma ausência do liberalismo clássico, e talvez isso aconteça em todo lugar. Mas se lembrarmos que, no governo Lula, o lucro histórico dos bancos foi o maior de toda a história do Brasil – e, como alguém certa vez disse, ex-escravos são excelentes capatazes –, acho que devemos pensar que nós aqui também nunca tivemos uma proposta de esquerda. Por exemplo, o governo Lula fez um sofisticadíssimo recurso retórico para fazer os pobres e outros acreditarem que a vez deles tinha chegado. Isso, na verdade, é um recurso conservador. De tudo que se acusa o PT, a única grande injustiça é chamá-lo de esquerda socialista. Essa é a grande injustiça sobre o PT.

Pondé – Uma dúvida que tenho é: por que existe a ideia de que o socialismo é um regime que responderia às necessidades dos mais pobres?

Cortella – Isso como intenção, como propósito político ainda não realizado.

Pondé – Entendo esse conceito teoricamente, apenas. Sempre me parece mais lógica a ideia de que o problema da pobreza é resolvido pela possibilidade de o pobre se tornar responsável, em alguma medida, pela sua sobrevivência. E não pela ideia de um mecanismo artificial e abstrato de partilha de renda quando, na verdade, o que existem são mecanismos que tornam o sujeito dependente do Estado. Não estou falando de um país socialista. Na Inglaterra, por exemplo, há famílias que vivem do dinheiro do Estado há gerações. Afinal, ganhar 2.500 *pounds* por mês é melhor do que trabalhar. Ficar parado, então, acaba sendo mais vantajoso.

Cortella – A começar pela rainha, com seus 90 anos! [*Risos*]

Pondé – Eu sempre achei interessante como até hoje ainda possamos supor que o socialismo seja uma resposta ao problema da pobreza. Acho que o grande mistério é a riqueza, não a pobreza, porque a humanidade sempre foi miserável. Ela sempre foi pobre. Ou seja, para mim a questão é a riqueza. A pobreza é a regra do jogo.

Cortella – Você falava do quanto nosso capitalismo, nossa economia é travada. Mas nós ainda somos a sétima economia mais poderosa do planeta do ponto de vista empírico. E temos a nação de número 66 em educação.

Pondé – Estamos mal...

Cortella – Existe um pensamento mecanicista que afirma: "Eleva-se a formação da educação escolar, elevam-se os patamares da economia". Mas se fosse uma relação tão automática, não haveria possibilidade de o número 66 ser a sétima economia. A grande questão para mim nesta conversa é: com elites predatórias agregadas à ausência de um liberalismo encarnado, com uma população não escolarizada e habituada à servidão, seria a democracia para nós a impossibilidade de um *ethos* nacional? Ao falar disso, lembro-me de **Darcy Ribeiro** quando, em 1977, no texto "Sobre o óbvio", disse que a crise no Brasil não era uma crise, e sim um projeto. E se ela é um projeto, é intencional.

Pondé – É uma boa ideia.

Cortella – Sim, é um projeto.

Karnal – Não pode ser acidental.

Cortella – Não é acidental.

Pondé – Seria muito azar.

Cortella – Existe uma teleologia, uma objetivação das questões. Por que estou levantando essa questão? Porque me interessa a absorção de políticas públicas. Estou me imaginando não como um filantropo, um humanista, mas como alguém que – sem cair no pieguismo – deseja a possibilidade de uma vida de partilha que não quer ser egoísta. Nesse sentido, tenho a ideia de solidariedade e compaixão. Como se organiza uma nação na qual a democracia seja um instrumento de proteção dessa condição de partilha social e econômica? Até o momento, ela é um contributivo destrutivo. Isto é, no momento em que podemos eleger, como fazemos desde 1989, um conjunto de governantes que são a nossa escolha, ela é aquela que vimos na votação do processo de *impeachment* contra Dilma. É um conjunto que nos envergonha. A questão não é que temos uma população que não sabe votar; nós temos uma elite que não consegue gerir uma nação da mesma forma que, por exemplo, a elite norte-americana – os "pais da pátria". O nosso "pai da pátria" é mais recente.

Pondé – Nós temos um "padrasto da pátria".

Cortella – Exatamente.

Dimenstein – O que é o "padrasto da pátria"?

Pondé – É uma elite que não cuida do país. É a nossa elite mesquinha.

Dimenstein – O PT acabou assumindo esse modo de vida.

Pondé – Acredito que o PT, na realidade, é a face oportunista dessa elite que vendeu a imagem de que iria mudar o país e as estruturas de um modo populista. Só que se rouba do mesmo jeito, como se roubava antes, mas com o *marketing* de salvação nacional. Vejo que o PT pegou historicamente a linha do final da ditadura. Ele mordeu um nervo ali, que fala dessa vulnerabilidade social do país, e armou um partido que, na verdade, funciona do mesmo jeito que os outros em sua dimensão fisiológica, mas que tem um objeto de *marketing* diferente, que é essa ideia de que representa a população, os pobres, é mais honesto e justo. E, nesse processo, o PT elencou, inclusive, muitas pessoas que tinham um desejo verdadeiro de causar algum tipo de transformação no país, e que agora estão sofrendo. Acho que o PT, na mesa da última ceia dos padrastos, ocupa uma cadeira juntamente com todos os outros.

Dimenstein – Cortella, queria lhe fazer uma pergunta pessoal: como alguém que sempre foi ligado ao PT, você se sente traído?

Cortella – Desde a origem, eu fui ligado ao PT. Deixei de fazê-lo como filiação na última década em função de um movimento que retirou, por uma parte da prática, aquilo que era do original do impulso. Isso não significa que o petismo, como inspiração original, tenha desaparecido juntamente com a prática do partido PT em vários níveis. Há um petismo original que ainda se encontra em várias pessoas que não estão mais no PT e, também, em outras que permanecem ligadas ao partido. Assim como há uma social-democracia, que é aquela que nasce no Brasil e depois dá origem a uma parte do PSDB, que não é representada em outras partes do governo do PSDB, mas que é um impulso de união. O que tenho dificuldade de compreender é por que, todas as vezes que se dá um passo na política de inclusão social, isso é tachado de populismo. Por isso, voltando à sua questão, Gilberto, não é um sentimento de traição mas, isso sim, de tristeza momentânea pela decepção desnecessária.

Populismo e partilha democrática

Cortella – Gosto muito quando **Enrique Dussel**, em vez de falar em "excluídos", usa o termo "vítimas", que acho forte. Porque toda vez que se usa a expressão "excluídos", existe a suposição de que a pessoa não quis entrar, ou de que possa partir por si mesma. Nós temos uma organização de vida na qual existem vítimas. E quando trabalhamos com a noção de vítimas, e não de excluídos, temos a percepção daquilo que é a presença de uma autoria, da ação efetiva de alguém, de outra pessoa, que devemos chamar de réu, para que algo aconteça. Seja no Brasil, seja na América Latina, se observarmos as políticas compensatórias, ou políticas sociais includentes – aquelas que fazem com que não se tenha a vitimação das pessoas –, qual é a autoria? Aquilo que na América Latina e, em várias vezes no Brasil, especialmente no governo de Getúlio e em parte do governo de **João Goulart**, e mais recentemente nos governos do PSDB e do PT, foi chamado de populista. Mas populismo é o quê? É aquilo que tem políticas sociais ligadas ao movimento de redistribuição de renda, de inclusão social? Ou o populismo é, como se usa no imaginário da fala norte-americana, todo governo que quer encantar por um messianismo, como lembrávamos antes, isto é, aquele governo da promessa? Mas, se nós observarmos a história, o governo de Getúlio, especialmente o segundo, não o primeiro, tem um nível de inclusão em relação a essa massa desfavorecida no cotidiano que é superior a outras.

Pondé – Acho que esses dois questionamentos que você faz sobre o populismo, Cortella, se aproximam, mas não são necessariamente a mesma coisa. Eu posso sustentar políticas de inclusão social e não ser populista. E posso fazer críticas às políticas de inclusão social no sentido de que elas criam cidadãos dependentes, que passam da posição de vítimas para o lugar daqueles que têm direito porque são vítimas – os "bolsa-vítima". Posso fazer essa crítica às políticas de inclusão social, não as chamando de populistas, pois elas não são, em si, populistas. Elas são fruto de uma compreensão de sociedade em que o Estado deve tomar atitudes para, de alguma forma, resgatar dívidas históricas. Para isso, tenho que aceitar o conceito de dívida histórica, preciso circunscrever essa noção como um fato autoevidente. Tenho que aceitar que existe um mecanismo racional de, por meio de políticas públicas, pagar essa dívida histórica para as vítimas. Posso fazer uma crítica a essa ideia dizendo que, na verdade, ela se torna um mercado de corrupção interna ao Estado, que uma burocracia vai ganhar dinheiro com isso e criar empecilhos ao próprio funcionamento do Estado – inclusive à premissa de resolver problemas das supostas vítimas históricas. Portanto, posso defender esse universo aceitando o conceito de dívida histórica e resgate da dívida; e posso criticar tudo isso, não aceitando esse conceito por achar que o mecanismo se transforma numa outra frente do mercado de tráfico de influência.

Apesar de não ser a mesma coisa, acho que o populismo cruza com essa questão – que não é, em princípio, populista –, quando uma figura como Lula se vende como vítima da elite. Quando Lula se coloca hoje como um defensor dos mais fracos e oprimidos, entendo que ele esteja sendo populista. Porque ele está trabalhando com uma imagem pública de que foi operário, de que venceu trabalhando pelo povo, de que representa uma preocupação social quando, na realidade, as investigações vão mostrando que seu trajeto aparentemente é de alguém que se aproveitou da máquina patrimonialista e ganhou muito dinheiro com isso. Assim como outros fizeram. Ou seja, Lula viveu melhor com a elite do que nós todos aqui. Ele partilha da elite.

Cortella – Faço eu, agora, uma pergunta ao historiador: por que Getúlio se matou?

Karnal – "Mais uma vez, as forças e os interesses contra o povo coordenaram-se e novamente se desencadeiam sobre mim. Não me acusam, insultam; não me combatem, caluniam; e não me dão o direito de defesa."[*]

---

[*] Trecho da polêmica carta-testamento escrita por Getúlio Vargas antes de suicidar-se com um tiro no peito em 1954. (N.E.)

Dimenstein – Mas será possível comparar Getúlio a Lula?

Karnal – É possível uma comparação, mas o conceito de populismo é cada vez menos utilizado hoje em história porque ele é uma construção de dois polos: de um lado, temos pensadores ligados aos partidos comunistas, que consideram o populismo uma estratégia conservadora de determinada etapa da construção do capitalismo; de outro lado, está o pensamento liberal, que entende que toda política de saneamento financeiro pró-bancos é uma política de equilíbrio fiscal e toda política pró-população é populista. Portanto, o populismo é uma construção ora comunista ou marxista mais clássica, ora uma construção liberal. Populismo virou insulto e isto foi reforçado como crítica. Repito que, para muitos historiadores atuais, não existe um conceito chamado "populismo".

Cortella – Ou seja, o Proer (Programa de Estímulo à Reestruturação e ao Fortalecimento do Sistema Financeiro Nacional) seria saneamento e o Bolsa Família, populista.

Karnal – Getúlio apresenta características que ajudam na construção do imaginário populista: figura carismática, momento de crise, transferência de população rural para urbana. Ou seja, Getúlio se torna um coronel num momento em que as classes não conseguem mais estabelecer o controle, nem cafeicultores oligarcas, nem a jovem Fiesp na década de

1930. Portanto, nisso, Getúlio é populista. Mas o conceito de populismo é um tanto problemático. Aquilo que o Pondé lembrou anteriormente sobre oportunismo eu diria que é realismo. Em determinados momentos, a Fiesp precisou do Estado para substituir importações; ou para criar o Instituto do Açúcar, do Álcool, do Sal; ou para reprimir movimentos sociais. Quando ela precisou, defendeu a ditadura. Quando não precisou, voltou à tradição liberal: menos impostos, mais riquezas. Isso não é exatamente oportunismo, mas sim um senso de realidade. O problema é o idealismo. O socialismo, que o Pondé atacou antes como incapaz de resolver os problemas, tem um poder imagético fundamental: ele é uma utopia. E tudo que aposta no melhor do ser humano, como um projeto utópico e não distópico, é maravilhosamente magnético.

Dimenstein – Mas, no final, é ilusão.

Karnal – O problema é que a utopia tende a ser uma maneira de corrigir o real, como fez **Thomas Morus**, quando inventou essa palavra, ou como se vê n'*A cidade do Sol*, de **Campanella**, e se transforma em distopia. E o capitalismo liberal é absolutamente antiutópico, como Adam Smith estabelece na teoria e diz que o padeiro não acordou cedo para o meu bem-estar. Eu não vou comprar o pão para o bem-estar dele. O egoísmo do padeiro e o meu se juntaram para produzir um bom pão e uma boa padaria. Apostando no pior do ser humano, o capitalismo tem sido notável.

Dimenstein – E o socialismo aposta mesmo no melhor do ser humano.

Pondé – Acho que o socialismo aposta no melhor do ser humano, mas ainda é mais fraco do que o cristianismo. Porque o cristianismo como utopia, como crítica social herdada do hebraísmo judaico, que já era uma crítica social, tem uma dialética interior que tem noções como pecado, vergonha. O socialismo faz uma grande jogada que é a seguinte: o mal está todo fora de nós; está na estrutura do capital. O capital é o único que tem a letra escarlate agora. O capital é o mal, a elite é má, o Estado é mau e nós somos as vítimas. Nessa medida, acho que o socialismo é uma utopia mais atraente e mais magnética do que a utopia cristã. E, aí, dá errado.

Cortella – Mas essa percepção que tem Adam Smith n'*A riqueza das nações* é uma construção utópica também. Não é uma distopia no sentido original.

Karnal – Acho que no sentido que Adam Smith escreveu sim, mas o capitalismo pressupõe uma questão, talvez, utópica de que vai vencer quem for mais capaz. E isso traz para o indivíduo a responsabilidade. O socialismo estabelece que vai vencer quem for mais justo. E o cristianismo diz que vencendo ou não, quem vai decidir é um tribunal de alçada além.

Pondé – O Supremo Tribunal Federal transcendental!

Cortella – Mas o lema clássico, também do anarquismo – "De cada um segundo sua capacidade e para cada um de acordo com sua necessidade" – é discordável?

Pondé – Tenho uma residente num projeto meu no MIS (Museu da Imagem e do Som de São Paulo) que está realizando um documentário sobre ateliês coletivos e em rede e por que nenhum deles dá certo. Ela verificou que chega o momento em que alguém não consegue pagar a parte dele na conta de luz por determinado motivo, no dia seguinte é outro que não pode e assim por diante. Portanto, vejo que há um erro na fonte, que alimenta todas as utopias socialistas: é o erro da compreensão do ser humano, de como ele age em certas situações, de achar, como Rousseau – razão pela qual brigo tanto com ele –, que somos anjinhos vítimas do mundo. Mas abraçamos essa ideia porque ela nos faz ter de nós mesmos uma melhor imagem. Porque somos capazes de compreender um mundo em que haveria um contrato mais honesto.

Cortella – Sem personalizar a questão, Pondé, você teve uma experiência num *kibutz*. Aquilo não é uma partilha democrática?

Pondé – Morei durante um ano num *kibutz* porque queria conhecer uma experiência socialista. Mas não é uma partilha. Nos *kibutzim*, aqueles que conseguiram produzir um produto econômico de sucesso migraram para uma formação cooperativa em que experimentos de gênero desapareceram. A maior parte das mulheres foi cuidar de crianças, como queria. A maior parte dos homens foi fazer trabalho pesado. E no começo não havia o nome "gênero". Existia, sim, uma proposta de diluição das diferenças de gênero que não deu certo ao longo de 70, 80 anos. Ou mais do que isso. Os que ficaram produziram tecnologia de ponta, que é o caso de Israel. Viraram grandes cooperativas de sócios. A terra continua sendo do Estado, porque a terra fora da cidade de Israel é do Estado. Já nos *kibutzim* que deram errado, porque não conseguiram produzir nada de economicamente viável, cada um é dono do seu pequeno pedaço de terra e cuida dele. E aquela coletivização radical que havia também entrou em decadência, só que para o lado, digamos, negativo. O problema que vi no *kibutz* era ter um sujeito responsável pela divisão do trabalho que, muitas vezes, não levava em conta as capacidades de cada um. Inclusive, ele não tinha nem como avaliar isso, pois estava naquela função havia um ano, apenas. Como ele poderia saber quem era bom nisto ou naquilo? Além disso, ele poderia colocar amigos para fazer trabalhos mais fáceis e inimigos para os trabalhos mais difíceis...

Dimenstein – Onde você ficou, Pondé?

Pondé – Eu fiquei em Bror Hayil, depois cansei e me mudei para um *kibutz* chamado Afik, que fica nas Colinas de Golã.

Dimenstein – No Norte. É bonito lá.

Pondé – É muito mais bonito.

Outro problema do *kibutz* é que o sistema não conseguia contemplar os diferentes méritos das pessoas. Ao não fazer isso, incorria no erro de dar poder a quem não tinha mérito para exercê-lo. O *kibutz*, na realidade, fracassou porque ele lidou com uma concepção de homem, com a possibilidade de um comportamento humano que até hoje a gente conhece e, aparentemente, não funciona. É o mesmo erro do objeto de análise da minha residente. Quer dizer, não do objeto dela, mas do erro que ela identifica nele. Ou seja, as pessoas fazem grandes propostas – inclusive artistas, que às vezes parecem viver fora da realidade –, mas como não têm um sistema de financiamento e de distribuição de funções um pouco mais organizado, seus ateliês vão desaparecendo. As pessoas começam a brigar porque não têm uma liderança, não têm alguém responsável que estabeleça alguma forma de trânsito naquela gestão.

Karnal – Cortella, fazendo um *argumentum ad hominem*: quando alguém vem de madrugada de outro estado, onde estava dando uma palestra, para gravar um livro em plena manhã de feriado,[*] esse grau de esforço deve ser retribuído com prestígio e dinheiro na mesma proporção de quem passa o feriado dormindo?

---

[*] O encontro que resultou neste livro deu-se num feriado. (N.E.)

Cortella – Em princípio, não. Mas na minha compreensão, democracia não é a ausência de ordem; é a ausência de opressão. Nesse sentido, minha encrenca com os *black blocs* no Brasil, desde 2013, é a confusão de democracia com ausência de ordem. E a possibilidade de a opressão se dar de outro modo, pela violência, pela brutalidade.

Pondé – Mesmo que em nome de uma causa.

Cortella – Em nome de uma causa, seja ela qual for. O fundamentalismo está fora do meu circuito.

Karnal – A violência mais violenta é sempre aquela que tem ideais mais elevados.

Cortella – Nesse sentido, por exemplo, não sou avesso à ideia de mérito, do contrário não seria professor. Sou avesso é à percepção de quem é que tem direito a ele. Quem é que merece, por exemplo, a partilha daquilo que é produzido numa nação? Quem é que merece o quinhão? Lembrando que *merere*, de onde vem merenda, significa a ideia de que alguns têm direitos e outros não. Quem tem direito? Pode a elite ter o direito de financiar o rancho – para usar uma expressão gaúcha – de quem acampa em frente à Fiesp para pedir o *impeachment* de Dilma, mas não pode outro grupo pagar militante?

Pondé – É a minha hipótese o tempo todo, porque não se debate verdade em nenhuma conversa; o que se debatem são conjuntos de argumentos de força retórica, e é por isso que algo pode soar niilista em alguma medida. Acusar alguém que recebe dinheiro para ser do MST, para usar um clichê, mas não aquele que ganha sanduíche da Fiesp para apoiar o *impeachment* carrega o mesmo tipo de procedimento argumentativo que é entender o MST como um movimento social, mas interpretar 1,2 milhão de pessoas na avenida Paulista contra Dilma como um movimento "coxinha".

Cortella – Mas o que eu não quero concluir nos debates, aqui e em outros lugares, é que, então, todo mundo *pode*. Dado que todo mundo faz, todo mundo pode. O que eu quero não é que todo mundo possa, mas que ninguém possa! Em relação à corrupção e ao apodrecimento, não é que se todos fazem, todos podem, mas que ninguém pode.

Pondé – Isso é um argumento kantiano.

Cortella – Claro. É um argumento kantiano ligado à publicidade, ou seja, da natureza pública de nossas ações.

Pondé – A corrupção não pode valer para ninguém.

Cortella – Sim, ela não deve valer. Ela até pode, porque é uma possibilidade. Mas ela não é um dever.

Pondé – Exatamente. É isso que quero dizer, que ela não deve ser realizada.

Cortella – A democracia que eu desejo, e que acredito ser possível, é aquela que fortalece as instituições democráticas em suas várias estruturas para que ninguém *possa*. E que se responsabilize aquele que o faça em qualquer circunstância, seja ele ligado a um grupo salvífico, messiânico, religioso, partidário como a Fiesp ou os partidos políticos. Portanto, que haja uma responsabilização em relação à dilapidação daquilo que é público. Porque o público, é óbvio, não é aquilo que é de ninguém, mas sim aquilo que é de todos.

Pondé – Voltando ao início de nossa conversa, então você tem uma concepção de ética em relação à democracia política que é kantiana e, portanto, não trabalha com relatividade de um conjunto de valores.

Cortella – De maneira alguma. Sem brincar com palavras, a ética é relativa, mas não é relativista. Isto é, ela só faz sentido dentro de um contexto. Um exemplo clássico é o nono mandamento da lei mosaica – ou o décimo, dependendo da versão. No original hebraico está: "Não cobiçar o boi, a terra e a mulher do próximo".

Karnal – A vaca, a cabra e nenhuma das coisas. Nono para os cristãos, décimo para os judeus...

Cortella – Hoje, esse mandamento é absolutamente anacrônico, despropositado, mesmo como religião. Não estou afirmando que ele não seja válido; ele vale naquele contexto, daquele modo. Aí está a relatividade. Vladimir Ilyich Ulyanov, o **Lênin**, diz: "Existe a verdade absoluta? Sim. É a soma de todas as verdades relativas no fim da história". Portanto, a ética absoluta é a soma de todas as éticas relativas no fim da história. Uma das raras contribuições relevantes do papa Bento XVI – afora a renúncia, fruto de especial inteligência estratégica para preservar a instituição monárquica que presidia – foi ele discutir o risco do relativismo, esse exagero da multiculturalidade em que, de repente, tudo é válido, até mesmo uma excisão clitoriana feita numa menina na África.

Karnal – Mas essa não é a compreensão do multiculturalismo. Multiculturalismo é avesso ao etnocentrismo, e não propositor da validade universal de tudo.

Pondé – Na prática, porém, ele tropeça nisso. Tanto que já tive a chance de debater com feministas sobre o caso específico que você cita, Cortella, das meninas africanas. E também sobre casos como o da cidade de Rotherham, na Inglaterra, onde um grupo paquistanês muçulmano criou uma rede de uso de meninas, não só menores de idade, para festas sexuais. Como se tratava de uma comunidade muçulmana, e os muçulmanos são oprimidos, a polícia não fez nada durante 12 anos. Quando eu debati sobre isso com uma feminista importante aqui no Brasil, ela falou: "Não entendo a atitude das feministas inglesas. Os muçulmanos são vítimas sociais". Mais do que as mulheres, portanto!

Karnal – Isso é um mau relativismo.

Pondé – Acho que esse é um problema do conceito de opressão como operador epistêmico. Quando levamos o conceito de opressão, que é um fato histórico, para o âmbito da operação epistêmica e começamos a olhar o mundo a partir da lógica opressor/oprimido, é necessário fazer segmentos. Por exemplo, uma menina branca no Rio de Janeiro que é assediada por um porteiro negro não pode virar para ele e reclamar: "Vá cuidar do prédio, você é porteiro", pois será tachada de preconceituosa. Mas se ela sofrer assédio de um médico branco e disser: "Você é médico, está aqui para atender pacientes", aí não é tido como preconceito. Acho que essa lógica epistêmica baseada na opressão, talvez daqui a mil anos, seja analisada como uma base escolástica.

Razões para otimismo

Dimenstein – Percebo que parte das pessoas, neste momento, está um tanto perdida, sem saber em quem acreditar. Pois parece que, na política, há apenas o pior e o pior ainda.

Karnal – Nem todos são iguais. Existem deputados não comprometidos em maracutaias – ou não detectados ainda. Há pessoas que realmente estão envolvidas em projetos, existem legislações maravilhosas. Por exemplo, a votação da Lei Maria da Penha mudou o comportamento do país.

Cortella – A Lei da Ficha Limpa alterou parte das candidaturas.

Karnal – Sim. Isso pode nos tornar otimistas sem fazer o "jogo do contente" da Pollyanna. Ou seja, há deputados que trabalham. Há senadores que têm projetos. Apesar ter sido usada como moeda eleitoral, a política do Bolsa Família, matematicamente, melhorou a distribuição de renda em vários lugares. Não é uma questão de opinião, esse fato é atestado por organismos mais isentos do que nossa política interna. Um programa como o Prouni (Programa Universidade para Todos) – e eu sou testemunha disso –, revolucionou a forma de acesso à faculdade para muitas pessoas. Portanto, há coisas boas acontecendo. O problema é que sempre notamos o sujeito que trafega no acostamento, por exemplo, e nos esquecemos de que as pistas estão tomadas por carros cumprindo a regra. Nós temos uma fascinação pelo erro, pelo acidente.

Pondé – Acho que política é o reino do possível, não tem nada a ver com ideal, assim como não possui nenhuma relação com a verdade kantiana. Quando **Collor** caiu e Itamar Franco assumiu a presidência, na época também havia um sentimento de desconfiança.

Dimenstein – E Itamar acabou sendo um grande presidente.

Pondé – Ele organizou a equipe que elaborou o Plano Real. Naquele momento, ninguém poderia imaginar que o governo Itamar Franco ia disparar o processo que consertou as contas do país. E, no entanto, quando olhamos para trás, tudo parece óbvio, como se o Plano Real já estivesse pronto.

O tempo institucional é assim mesmo, não sabemos o que vai acontecer, mas sobrevivemos. Como dizia o Karnal, nem todos que estão por aí são iguais. Não existe uma solução fechada, talvez apareçam nomes interessantes, na medida em que se muda a conjuntura. O que julgo importante, neste momento, é segurar a ansiedade pela solução. Pois não há solução agora.

Cortella – Eu estava outro dia num debate com um ex-reitor de Cambridge, que é uma universidade que tem 807 anos – nós, Brasil, estamos com 516.

Pondé – O Brasil é um adolescente ainda.

Cortella – Nós éramos um grupo de brasileiros no debate. Em determinado momento, nos foi dito pelo antigo reitor: "Vocês, brasileiros, são muito ansiosos. O mais difícil são os primeiros 400 anos!". Portanto, cada vez que alguém reclama: "Mas este país está perdido!", respondo: "Os ingleses demoram 500 anos para fazer um jardim. Nós não fizemos um país ainda; nós podemos fazê-lo". Nesse sentido, quando você lembra do Itamar Franco, Pondé, ele nomeou um dos melhores ministros da Educação que o Brasil já teve, o **Murílio Hingel**, um mestre-escola, professor da Zona da Mata mineira que começou a investir em educação básica. Esse projeto depois foi assumido pelo **Paulo Renato** e, mais tarde, pelo **Fernando Haddad**, quando tomou uma proporção maior. Então, como eu fixo o critério para a boa escolha? Não há um critério exclusivo. **Adolfo Sánchez Vázquez** diz que há resultados inintencionais de ações intencionais. E há resultados intencionais de ações inintencionais. Às vezes, aquilo que fazemos resulta em algo indesejado e, às vezes, aquilo que não queríamos gera uma coisa boa. Esse movimento na história pode ser chamado de evolução. Mas devemos nos lembrar de que **Darwin** nunca usou a palavra "evolução" como sinônimo de melhoria, e sim como sinônimo daquilo que é, em grego, mudança. Pois câncer também evolui; problema também se desenvolve, do mesmo modo que falência progride. Aliás, na área de saúde, quando uma pessoa morre, o médico escreve no prontuário: "Evoluiu para óbito". Portanto, podemos evoluir para óbito ou não. A minha crença é que não o faremos. Eu acho que temos, sim, a possibilidade de escolher com maior critério as pessoas que vão conduzir um projeto que não é o ideal, pois eu também não o coloco no plano das ideias platônicas, mas que está na lógica daquilo que é viável. Temos, hoje, aquilo que Paulo Freire chamava de inédito viável, como possibilidade de fazer uma nação que seja decente em sua convivência pública, dado que a decência na convivência privada é uma questão do indivíduo. A decência na convivência pública é um requisito da democracia.

Dimenstein – O Karnal comentou anteriormente que o Congresso tem a cara do Brasil. Eu, que pude acompanhar a política mais de perto durante os anos que morei em Brasília, percebo que o nível de escolaridade dos políticos vem piorando. Nós sempre tivemos uma média muito ruim, uma média medíocre. Mas existia, no Senado, na Câmara, um pequeno grupo de pessoas muito sofisticadas, que conheciam a história do Brasil, filosofia, literatura... Até escondiam que conheciam tudo isso. Como **Paulo Brossard**...

Cortella – ... **Roberto Campos, Florestan Fernandes,** Darcy Ribeiro, **Mário Covas**...

Dimenstein – Era um grupo muito poderoso e que, hoje, ficou muito pequeno. Eu atribuo isso a algumas coisas. Uma delas foi o seguinte: o Brasil ficou mais complexo, com mais possibilidades para seus melhores talentos, que foram embora da política. Certa vez, me disseram que a educação pública piorou porque as melhores mulheres deixaram de dar aulas para trabalhar em grandes empresas, virar presidentes. Essa é uma visão machista até, mas o que eu quero dizer é que, hoje, as melhores cabeças – até por medo de terem sua vida privada exposta, dado que todo mundo já fez alguma coisa errada na vida, não há ninguém que não tenha uma sombra – cuidam de grandes empresas, de grandes multinacionais. São pessoas altamente talentosas que, 50 anos atrás, talvez pudessem ter ocupado algum cargo político. Mas como a política é associada a algo ruim, coisa de medíocres, isso cria um ciclo com o qual ninguém quer se envolver. Se pensarmos nas pessoas que estão na política e que são talentosas, vamos observar que elas têm mais de 50 anos. Como o **Serra** – de quem nem todos gostam, mas que é um sujeito preparado –, o Fernando Henrique, o **Aloizio Mercadante**... Lembro dos debates que reuniam pessoas como **Amaral Peixoto, Tancredo Neves**...

Cortella – Saturnino Braga...

Dimenstein – O problema da política brasileira, hoje, é de RH.

Karnal – Você tem razão, Gilberto. Do ponto de vista técnico, concordo com você. Mas devo lembrar que, até mesmo nas universidades, há sujeitos muito bem-preparados, mas que são completamente medíocres. São pessoas que falam 11 línguas, entretanto não dizem nada em nenhuma delas.

Pondé – Talvez esse tipo de sabedoria, a que o Gilberto se refere, não seja redutível ou transformada em algo igual ao que conhecemos na universidade hoje, onde as pessoas estão mais preocupadas em garantir seu lugar no colegiado e na máquina administrativa.

Karnal – Eu dei aula em curso de Pedagogia em vários lugares, antes de me tornar professor da PUC-SP e, depois, da Unicamp. O nível dos cursos de Pedagogia, de modo geral, é mais baixo do que os cursos com altas demandas de mercado, como Medicina. Sempre sonhei que a área de educação, minha área, atraísse os melhores. Mas nem sempre é assim.

Cortella – É onde temos que investir.

Pondé – Uma vez, na PUC-SP, eu pedi que os alunos lessem *Crime e castigo*, de **Dostoiévski**, para discutir a noção de pecado, e a coordenadora reclamou que eu estava expondo a classe a um tipo de experiência muito opressiva. Dado que era um livro difícil, por que fazer com que os alunos sofressem?

Dimenstein – A complexidade está virando um crime. As pessoas acham que se alguém não for extremamente inteligível rapidamente, ele é complexo. Como se a complexidade fosse um erro, uma ofensa.

Cortella – Mas nós, que trabalhamos com comunicação, damos palestras, nunca tivemos tanto público quanto hoje. E público de todos os tipos. Portanto, a ideia de que as pessoas não querem complexidade não é tão verdadeira assim.

Dimenstein – Em contrapartida, as pessoas estão tão cansadas da era presencial que ela virou raridade, tornou-se um prêmio da comunicação.

Pondé – Concordo que a complexidade, quando não entendida, pode se transformar, inclusive, em ofensa. Mas também é verdade que mais pessoas têm buscado quem traduza a elas essa complexidade.

Dimenstein – Em relação ao Brasil, hoje, à nossa democracia, vocês estão otimistas ou pessimistas?

Cortella – Absolutamente otimista. Como digo sempre, não há cura sem febre. Há uma série de infecções que, sem a febre, não teria possibilidade de descarte. Esse meu otimismo não é brincar de Pollyanna; é um otimismo crítico. Acho que estamos deplorando as instituições num momento pedagógico inacreditável. Melhor exemplo disso: eu vou sempre para o Rio de Janeiro e estava, outro dia, numa palestra no Tribunal de Justiça de lá. Fica ali na área central, perto da praça XV. Atrás da Candelária, há uma série de bares em que as pessoas ficam porque a área portuária é ali perto. Um monte de homens, estivadores etc. Homens e mulheres também, mas mais homens. Durante anos, qual era a cena que eu via? Naqueles balcões de bar do Rio, que têm a televisão na frente e a estante lotada de garrafa, havia sempre gente de calção, chinelo de dedo e camiseta sem manga vendo futebol. Outro dia, passava lá e o que eles estavam vendo? Sessão ao vivo do Supremo Tribunal Federal. Aquelas pessoas estavam paradas ali, à tarde, assistindo a debates do STF! Alguém pode dizer: "Bom, mas elas não deviam estar entendendo nada". Mas elas estavam entrando num universo que é absolutamente novo.

Pondé – Mas foi a crise que fez isso. A democracia só funciona quando há conflito.

Cortella – Claro, não tenho dúvidas de que o conflito seja absolutamente criativo nisso; o confronto é que é rejeitável. A questão é que, agora, passamos do conflito ao confronto com uma velocidade grande porque as cicatrizes não fecharam. E a democracia é a capacidade de impedir que o conflito vire confronto. Nós temos, hoje, uma condição de "gerar confronto" no mau sentido que a expressão pode ter. Confronto é a tentativa de anular o outro; conflito é a divergência de postura, de ideias. A não ser que sejamos mais tolos do que já pudemos sê-lo, tenho a esperança – que não vem apenas de uma brincadeira que às vezes se faz em relação a um mundo melhor – de que essa ocasião sirva de aprendizado para elevar a nossa condição.

Dimenstein – Então, você está feliz de algum jeito.

Cortella – Estou sempre feliz de vários modos. A felicidade não é um estado permanente; ela eclode em alguns momentos. Alguém sempre feliz é tolo. A felicidade contínua é sinal de tolice. É como água. Eu gosto de água quando tenho sede, mas tomar dez copos para fazer algum exame médico é insuportável.

Dimenstein – Só para registrar, Cortella, o que é felicidade para você?

Cortella – Felicidade é a capacidade de eu sentir fertilidade. Isto é, eu não desertifico o futuro, não esterilizo o sonho, não apodreço a minha esperança. Isso é felicidade.

Dimenstein – O Brasil está num momento fértil, apesar dessa crise.

Cortella – Absolutamente fértil. Embora exista a possibilidade de o estrume circular por todos os lados, é preciso lembrar que ele é fértil – do latim *humus*, de onde vem "humano" e "humilde". Estamos num momento de exercer humildade e aproveitar o estrume como sendo o lugar onde a flor nasce no asfalto.

Dimenstein – Karnal, você está otimista? Acredita que exista um aprendizado interessante para a democracia?

Karnal – Eu sou um otimista melancólico. Sempre fui. Os perfeitamente otimistas me soam mal-informados, e os perfeitamente melancólicos me parecem sem ter o que fazer. Hoje, nós temos indicativos históricos de novidades. Por exemplo, já temos milionários brancos presos. Isso não é comum na história do Brasil. Temos também o fato de que todos os governos do Brasil investigaram como corruptos governos de oposição anteriores. É o caso de Getúlio, que exilou **Washington Luís** e **Júlio Prestes**. É o caso, também, dos militares que mandaram investigar e prender Juscelino Kubitschek. Neste momento, temos presa gente do primeiro escalão do governo em curso. Nós temos eminências pardas do governo presas num momento em que ele gozava, inclusive, de imensa popularidade. Isso é um avanço extraordinário. Significa que os poderes estão independentes, que estão funcionando. Eu não pressuponho – para citar um pensador conservador, **João Pereira Coutinho**, e seu livro d'*As ideias conservadoras** – que seja função do governo garantir o paraíso. Nós não voltaremos ao paraíso, mas é função do governo evitar o inferno, evitar – pegando a ideia boa do Cortella – o confronto. O problema é que essa divergência de ideias acontece num país de tradição católica rasa, de pouco debate intelectual prático político, numa geração mais mimada que a média, que não gosta de ser contrariada e, então, parte para o insulto e para a qualificação. Apesar de tudo isso, acredito que seja um momento muito bom porque estamos discutindo os fundamentos da nação. Os deputados estão, agora, expostos nessa vitrine. Tudo aquilo que era uma convicção das pessoas está sendo questionado. Portanto, voltando à sua questão, Gilberto, eu também me sinto feliz. Pois, tomando uma ideia de **Luc Ferry**, eu levo uma vida que acho que vale a pena. Porque a acho produtiva, eu interajo com as pessoas, tenho momentos bons e ruins. Agora, por que me sinto particularmente feliz, hoje? Porque já fui infeliz. Então, posso fazer a comparação. Se eu for mais feliz no futuro, posso dizer que esse momento é de infelicidade.

Dimenstein – Você foi infeliz quando?

Karnal – Por quase toda a adolescência e juventude, porque eu tinha esse sentido nietzschiano da tragédia como

---

* São Paulo: Três Estrelas, 2014. (N.E.)

geradora de vida. Eu fui muito infeliz quando trabalhava com o sentido trágico.

Pondé – Eu tenho uma percepção de felicidade de que é nos momentos em que conseguimos ser generosos que nos sentimos melhor. Portanto, eu faço uma relação entre felicidade e generosidade. Penso que a felicidade é um estado de espírito em que a pessoa consegue ser mais generosa, olhar menos para ela mesma. É por isso que acho que toda pessoa muito preocupada consigo mesmo é ingrata, infeliz e pouco generosa.

Dimenstein – E você está otimista ou pessimista com o atual cenário da democracia?

Pondé – Não sou muito dado a arroubos otimistas. A brincadeira, inclusive, que sempre faço com o Cortella é: "No dia em que o mundo for melhor, me convida". Escrevi um livro chamado *Contra um mundo melhor*.[*] Mas isso por conta, especialmente, de uma crítica que faço a uma tradição filosófica de salvacionismo político. Concordo com os colegas que, hoje, temos alguns elementos que, aparentemente, apontam para ganhos institucionais no país. É claro que, talvez daqui a dez anos, aconteça alguma coisa e isso mude. Eu não acredito em avanço histórico, nem necessariamente em progresso. Não acho que história tenha sentido nenhum, não acredito que exista um

---

[*] São Paulo: Leya, 2010. (N.E.)

fundo moral nas ações dos seres humanos ao longo do tempo. Penso que, às vezes, o progresso pode ser uma tragédia, que sociedades muito organizadas ao redor de felicidade podem criar todo tipo de patologias e problemas. Portanto, não sou um otimista filosófico nem acredito que, necessariamente, hoje seja melhor que ontem. Quer dizer, será que o homem do Alto Paleolítico – época que acho que é o clímax da humanidade – era mais feliz do que nós? Mas acho que há indícios para otimismo neste momento específico. E elencaria dois: a operação institucional, de que falava o Karnal, e certa polarização e violência ao redor do debate político que, apesar de não serem desejáveis, indicam um maior comprometimento, um maior interesse.

Cortella – Uma maior vitalidade.

Pondé – Sim. Eu elencaria esses dois fatores como momentos atuais que apontam, no caso do Brasil, para um tipo de melhoria. Existe uma maior vitalidade no envolvimento com a coisa política. E isso, é claro, traz contradições. Por exemplo, eu acho que, terminado o conflito, o desinteresse pode voltar. Acredito que a democracia fique mais viva justamente quando há conflitos e tensões. Eu tenho uma percepção geral de mundo que é assim: acho que toda a discussão que a gente tem hoje, inclusive quando se fala em direitos humanos, questão de gênero e direitos sociais é fruto do enriquecimento do capitalismo. Para mim, está tudo na mesma gaveta da capacidade de produção de bolsa Prada. Isto é, são produtos caros, que dependem de uma base de riqueza, como eu falava anteriormente em relação a Dinamarca, Noruega e Suécia, que são sociedades muito ricas que conseguem produzir um nível de vida bastante avançado. Então, acho que se houvesse de fato uma crise radical no capitalismo universal – coisa que nunca houve, já que o mundo só vem enriquecendo nos últimos 250 anos –, voltaríamos para o passado em poucas horas. Os homens continuariam a se matar e as mulheres morreriam no parto. Então, eu vejo, na realidade, o mundo como a pré-história nos olhando pela fresta da porta. Não é o messias, não é Deus que olha pela fresta da porta, mas sim a pré-história. Qualquer crise no mecanismo de produção de mercadorias em larga escala pode nos levar a uma entropia total. Às vezes, nos esquecemos disso quando falamos de sociedade, de mundo melhor. Quando falamos de direitos, partimos de um pressuposto como se a lógica de produção de mercadoria que enriqueceu o mundo até hoje fosse um dado da natureza e não um dado perene.

Cortella – Agora é sua vez de responder, Gilberto: você está otimista?

Dimenstein – Estou otimista, porque o Brasil está vivendo hoje uma Revolução Francesa sem sangue. Nunca tanta gente foi presa por malversação de recursos. Nunca o poder, seja de direita ou de esquerda, havia sido checado, chocado. Nunca as pessoas tiveram tanta informação num prazo tão curto. E nunca as pessoas perceberam a gravidade que tem o voto. Que quando se vota em alguém, a consequência disso pode ser grave. Que o governante tem que dar respostas toda hora e em tempo real. E que se ele ficar no poder e for mal, pode sair no meio do mandato por uma série de pressões. Portanto, acredito que esse "sangue" que está havendo aqui, no país, revela uma democracia mais participativa, mais conectada. Eu tenho muita esperança de que, cada vez mais, as pessoas venham a exigir mais eficiência do Estado, melhor serviço de saúde e de habitação. O governo não vai conseguir subir os impostos como gostaria, ele vai ter que melhorar a gestão. Acho que estamos vivendo, agora, uma etapa maior. Vamos sofrer muito ainda: mais desemprego, mais empresas quebrando. Ando pelos bairros e vejo placas de "aluga-se" o tempo todo. Mas estou convencido de que vivemos uma época de libertação, de uma relação diferente entre cidadão e Estado. Vamos exigir mais, ficar mais atentos e eleger pessoas melhores. Porque seremos também melhores. Se não gostamos da cara de quem votou o *impeachment* é porque, como disse o Karnal anteriormente, aquilo lá é o Brasil. Mas acredito que o Brasil possa ser mais educado. Vejo *office-boys*, empregadas domésticas fazendo faculdade à noite, sonhando com o conhecimento como sendo central. Além disso, se eu não acreditasse que o Brasil pudesse melhorar, talvez não acreditasse em mim mesmo. E eu tenho que acreditar em mim.

Glossário

Allen, Woody (1935): Cineasta norte-americano cujo nome de batismo é Allan Stewart Königsberg, é conhecido por realizar filmes de autor no seio da máquina hollywoodiana. Entre seus inúmeros títulos, destacam-se *A rosa púrpura do Cairo*, *Tiros na Broadway*, *Meia-noite em Paris*, entre outros.

Amaral Peixoto, Ernâni do (1905-1989): Político brasileiro de formação militar, envolveu-se com o tenentismo e teve intensa participação política durante o Estado Novo. Após a redemocratização do país, filiou-se ao Partido Social Democrático (PSD) e assumiu diferentes cargos públicos. Durante a ditadura militar fez oposição ao regime, mas após a reforma partidária ingressou no Partido Democrático Social (PDS), alinhado ao regime militar.

Antônio Conselheiro (1830-1897): Foi um líder religioso nordestino não ortodoxo e de grande popularidade, cujas peregrinações messiânicas atraíram milhares de sertanejos para a constituição de uma comunidade autônoma, erguida em Canudos, ao norte da Bahia. O povoado, denominado Belo Monte, sofreu fortes represálias do exército brasileiro e foi reduzido a cinzas, num episódio de verdadeiro genocídio da história nacional, a Guerra de Canudos.

Aristófanes (447-385 a.C.): Um dos principais dramaturgos da Grécia Antiga, foi responsável por clássicos da comédia grega, tais como *As vespas*, *As rãs* e *A assembleia de mulheres*. Ateniense, teve uma educação sofisticada e uma posição política aristocrata, em oposição aos democratas que estavam no poder, de modo que empreendia sátiras políticas e sociais em suas peças.

Aristóteles (384-322 a.C.): Filósofo grego, é considerado um dos maiores pensadores de todos os tempos e permanece sendo referência intelectual na atualidade. Ao lado de Sócrates e Platão, figura entre os expoentes da Antiguidade Clássica que mais influenciaram o pensamento ocidental. Discípulo de Platão, interessou-se por diversas áreas, tendo deixado um importante legado, sobretudo para as humanidades.

Bento XVI, papa (1927): Assumiu o pontificado entre 2005 e 2013, quando abdicou. Grande sacerdote e erudito alemão, membro de várias academias científicas europeias, seu papado foi marcado pela defesa de valores absolutos e da doutrina da Igreja diante do relativismo e do secularismo.

Bergman, Ingmar (1918-2007): Ficcionista sueco, um dos grandes mestres do cinema, destacou-se por filmes ensaísticos de temática existencialista. Suas obras discutiam temas humanos fundamentais, como a fé, a morte e a solidão. Realizador de filmes como *Persona*, *O sétimo selo* e *Morangos silvestres*, voltou-se mais para o teatro a partir da década de 1980.

Bittencourt, marechal Carlos (1840-1897): Militar brasileiro que atuou na Guerra do Paraguai e na Guerra de Canudos. Foi ministro da Guerra no governo de Prudente de Morais, a quem protegeu com a vida durante um atentado, tornando-se o patrono do serviço de intendência do exército brasileiro.

Bolívar, Simón (1783-1830): Militar que comandou a guerra de independência da Venezuela, recebeu a alcunha de "Libertador" e foi o segundo presidente desse país. Inspirado na Revolução Francesa, auxiliou as revoluções de outras colônias latino-americanas, como o Peru e a Bolívia, mas também perdeu os territórios hoje pertencentes à Colômbia e ao Equador.

Borges, Jorge Luis (1899-1986): Escritor, tradutor, crítico e ensaísta argentino, ficou mundialmente famoso por seus contos fantásticos. Em sua obra encontra-se uma mescla de temas relacionados a filosofia, história, metafísica, mitologia e teologia. Entre as imagens recorrentes em Borges estão o espelho, o labirinto e o tempo. Alguns de seus livros mais conhecidos são *História universal da infâmia*, *Ficções* e *O aleph*.

Bornhausen, Jorge (1937): Político brasileiro filiado ao extinto Partido Social Democrático (PSD), é formado em Direito pela PUC-Rio e tem larga experiência jurídica também no setor privado. Foi vice-governador e, mais tarde, governador de Santa Catarina, em gestão durante a qual ocorreu a Novembrada, em Florianópolis, manifestação contra a ditadura militar. Exerceu o cargo de ministro da Educação entre 1986 e 1987 e foi senador por Santa Catarina de 1991 a 2007.

Brecht, Bertolt (1898-1956): Dramaturgo alemão, foi um dos expoentes do teatro moderno. Intelectual marxista, produziu uma arte engajada que se opunha ao capitalismo, aos excessos da religiosidade e aos governos ditatoriais, sobretudo o nazismo. Suas peças mais conhecidas são *Vida de Galileu*, *Mãe coragem e seus filhos*, *A ópera dos três vinténs*, *O círculo de giz caucasiano*, entre outras.

Brossard, Paulo (1924-2015): Político brasileiro formado em Direito pela UFRGS, foi filiado ao Movimento Democrático Brasileiro (MDB), que fez oposição ao regime militar, e atuou como ministro da Justiça (1986-1989) e ministro do Supremo Tribunal Federal (1989-1994). Grande defensor do parlamentarismo, publicou livros como *O impeachment*, *O balé proibido* e *Subsídios incalculáveis: Favores perigosos*.

Buarque de Holanda, Sérgio (1902-1982): Historiador, sociólogo, professor, escritor e jornalista paulistano, é considerado um dos maiores intelectuais nacionais do século XX. Tratou de explicar em suas obras a estrutura política e social do Brasil, fundamentando seus argumentos nas bases históricas do país. *Raízes do Brasil*, de 1936, é sua obra mais conhecida.

Burke, Edmund (1729-1797): Filósofo e político irlandês, teve atuação marcada pela postura economicamente liberal, mas politicamente conservadora. Publicou tratados político-filosóficos de grande repercussão como *Uma investigação filosófica sobre a origem de nossas ideias do sublime e do belo* e *Reflexões sobre a revolução na França*.

Cabral, Pedro Álvares (c.1468-c.1520): Navegador português a quem é creditado o descobrimento do Brasil, teve importante papel na expansão ultramarina portuguesa e no estreitamento das relações comerciais com a Índia. Fidalgo e comandante da frota do reino de Portugal, esteve à frente tanto de negociações diplomáticas como de expedições militares.

Campanella, Tommaso (1568-1639): Frade dominicano, filósofo e ficcionista italiano, foi um intelectual com ideias revolucionárias para a época, que o levaram a ser perseguido e muitas vezes preso pelo Santo

Ofício. Refugiou-se na França, na corte de Luís XIII e do cardeal Richelieu. Seu livro *A cidade do Sol* é uma obra-prima da literatura mundial que caracteriza o que seria uma cidade ideal utópica.

Campos, Roberto (1917-2001): Político brasileiro que exerceu serviço diplomático nos Estados Unidos, onde se pós-graduou em Economia pela Universidade George Washington, foi deputado federal, senador e ministro do Planejamento. Membro da Academia Brasileira de Letras, escreveu livros como *Política econômica e mitos políticos*, *Guia para os perplexos* e *A lanterna na popa: Memórias*.

Cardoso, Fernando Henrique (1931): Ex-presidente do Brasil (1995-2003), é um político filiado ao Partido da Social Democracia Brasileira (PSDB). Doutorou-se em Ciências Políticas pela USP e foi senador por São Paulo, ministro das Relações Exteriores e ministro da Fazenda antes de assumir a presidência. Tem atuado como conselheiro consultivo de diferentes órgãos no exterior.

Carlos I (1600-1649): Rei da Inglaterra, em seu reinado houve o enfraquecimento do absolutismo britânico e o fortalecimento da atuação política da burguesia. Seu esforço de restringir a atuação do parlamento acabou por desencadear uma guerra civil que culminou na Revolução Puritana, conflito político movido pelos parlamentares contra a atuação real.

Castello Branco, Humberto de Alencar (1897-1967): Político brasileiro de carreira militar, foi o primeiro presidente do Brasil pelo regime militar. Participou da revolução tenentista de 1930 e lutou na Segunda Guerra Mundial antes de liderar o golpe de Estado de 1964. Morreu em um acidente aéreo meses depois de deixar o poder.

César, Júlio (100-44 a.C.): Imperador de Roma, foi o responsável pela destituição da República Romana e pela implementação do Império Romano, que veio a se estender por grande parte do território europeu e suas proximidades. Ditador absoluto, Júlio César foi um dos maiores comandantes militares e políticos da história.

Chamberlain, Arthur Neville (1869-1940): Político britânico, foi o primeiro-ministro do Reino Unido entre 1937 e 1940, atuando, portanto, nos primeiros anos da Segunda Guerra Mundial. Filiado ao Partido Conservador, promoveu uma política externa de apaziguamento cujo principal impacto foi a assinatura do Pacto de Munique, que cedeu parte da Tchecoslováquia à Alemanha de Hitler em 1938.

Chateaubriand, Assis (1892-1968): Comunicador de grande influência pública, sobretudo entre as décadas de 1940 e 1960, seguiu carreira política atuando como senador. Apelidado de "Cidadão Kane brasileiro", era uma figura polêmica e controversa e construiu um império midiático de jornais impressos, canais de rádio e a primeira emissora de televisão nacional, a TV Tupi.

Chiarelli, Carlos (1940): Político brasileiro que exerceu o cargo de deputado e senador pelo Rio Grande do Sul, é advogado especializado em direitos trabalhistas. Durante o governo de Fernando Collor de Mello foi ministro da Educação.

Churchill, Winston (1874-1965): Político britânico de carreira militar, foi primeiro-ministro da Inglaterra durante a Segunda Guerra Mundial. Notabilizou-se por seus discursos e publicações, tendo sido contemplado com o prêmio Nobel de Literatura.

Clinton, Bill (1946): Presidente dos Estados Unidos entre 1993 e 2001, estudou na Universidade de Georgetown, na Universidade de Oxford e na Universidade de Yale com destacada participação na política estudantil. Foi por duas vezes governador do Arkansas. Durante sua atuação na presidência foi assinado o Tratado Norte-Americano de Livre Comércio.

Coimbra, frei Henrique de (c.1465-1532): Frade português conhecido por celebrar a primeira missa do Brasil, foi missionário na Índia e na África e escolhido pelo rei dom Manuel I para ser o bispo de Ceuta, a primeira cidade a compor o império ultramarino português.

Collor de Mello, Fernando (1949): Primeiro presidente eleito do Brasil por voto direto após o regime militar. Renunciou ao cargo em 1992, depois de várias denúncias de corrupção, na tentativa de evitar seu *impeachment*. Mesmo assim, teve seus direitos políticos cassados por oito anos.

Coutinho, João Pereira (1976): Escritor e jornalista português, é colunista do *Correio da Manhã* e da *Folha de S.Paulo*. Doutor em Ciência Política e Relações Internacionais pela Universidade Católica Portuguesa, atua como professor auxiliar nessa instituição e ficou conhecido por seu livro *As ideias conservadoras explicadas a revolucionários e reacionários*.

Covas, Mário (1930-2001): Político brasileiro natural de Santos-SP, formou-se em Engenharia Civil pela Escola Politécnica da USP, onde iniciou sua militância política. Foi deputado federal, senador, prefeito da capital paulista e governador do estado de São Paulo.

Cunha, Eduardo (1958): Presidente da Câmara dos Deputados afastado em maio de 2016 sob acusações de corrupção e lavagem de dinheiro, é filiado ao Partido do Movimento Democrático Brasileiro (PMDB). Presidiu a votação do processo de *impeachment* da presidente Dilma Rousseff.

Daladier, Édouard (1884-1970): Político francês, foi presidente do conselho, cargo equivalente a primeiro-ministro, por três mandatos não consecutivos. Durante a Segunda Guerra Mundial, assinou o Pacto de Munique, que cedia o território dos sudetos, na Tchecoslováquia, à Alemanha de Hitler.

Darwin, Charles (1809-1882): Biólogo e naturalista inglês, suas observações da natureza levaram-no ao estudo da diversidade das espécies e, em 1838, ao desenvolvimento da teoria da seleção natural. Em sua obra *A origem das espécies*, de 1859, apresenta a teoria da evolução das espécies a partir de um ancestral comum.

Debret, Jean-Baptiste (1768-1848): Pintor e desenhista francês, lecionou na Missão Artística Francesa, empreendimento da Coroa portuguesa para trazer as belas-artes para a corte carioca recém-estabelecida. Artista romântico, procurou retratar cenas da vida brasileira e da história do Brasil.

Deodoro da Fonseca, Manuel (1827-1892): Militar alagoano, proclamador da República, foi chefe do governo provisório de 15 de novembro de 1889 até 24 de fevereiro de 1891 e presidente da República dessa data até 23 de novembro de 1891, quando renunciou.

Dostoiévski, Fiódor (1821-1881): Escritor russo, é considerado um dos maiores romancistas da literatura mundial. Inovador por explorar problemas patológicos como a loucura, a autodestruição e o assassinato, suas obras mais conhecidas são *Crime e castigo*, *Notas do subterrâneo* e *Os irmãos Karamazov*.

Dussel, Enrique (1934): Escritor e filósofo nascido na Argentina, exilou-se no México após um ataque a bomba em sua casa, realizado por um grupo paramilitar, e acabou por tornar-se cidadão mexicano. Doutorou-se em Filosofia na Universidade Complutense de Madri e em História na Sorbonne, em Paris. Escreveu mais de 50 obras, entre as quais *Por um mundo diferente* e *Ética da libertação*.

Espinosa, Baruch de (1632-1677): Filósofo racionalista holandês, nascido numa família judaico-portuguesa, fundou o criticismo bíblico moderno. Sua obra mais importante, *Ética demonstrada à maneira dos geômetras*, mais conhecida como *Ética de Espinosa*, busca na metafísica um tratado sobre ética pautado no método geométrico, que apresenta uma teoria da felicidade humana construída de forma sistemática e cartesiana.

Faoro, Raymundo (1925-2003): Cientista político brasileiro, formado em Direito pela UFRS, tornou-se procurador do Estado e foi presidente da OAB na década de 1970. Seu livro *Os donos do poder* é uma obra fundamental para entendimento da história da política no Brasil.

Fernandes, Florestan (1920-1995): Político e um dos mais importantes sociólogos brasileiros, formado pela USP, foi deputado federal por São Paulo entre 1987 e 1995. É considerado o fundador da sociologia crítica no Brasil.

Ferry, Luc (1951): Professor universitário, foi presidente do Conselho Nacional de Programas, encarregado de elaborar reformas para o ensino escolar na França. É autor de diversas obras, entre as quais *A nova ordem ecológica* (1992).

Filipe II, dom (1527-1598): Rei da Espanha durante a União Ibérica, unificação dos reinos de Portugal e Espanha após o desaparecimento de dom Sebastião, teve um dos mais extensos impérios da história, reinando sobre as colônias ultramarinas portuguesas e estendendo as fronteiras das colônias espanholas nas Américas.

Foucault, Michel (1926-1984): Filósofo francês, dedicou-se a discutir o conceito de loucura, tendo em vista que sua referência varia conforme a época, o lugar e a cultura. Foi também um analista agudo do poder em todas as suas formas. *História da loucura na idade clássica*, *As palavras e as coisas*, *A arqueologia do saber* e *Vigiar e punir* são algumas de suas obras.

Franco, Itamar (1930-2011): Assumiu a presidência da República entre 1992 e 1994, após a renúncia de Fernando Collor de Mello. Formado em Engenharia Civil pela UFJF, foi também vice-presidente (1990-1992), senador por Minas Gerais (1975-1983; 1983-1990 e 2011) e governador de Minas Gerais (1999-2003).

Freire, Paulo (1921-1997): Educador brasileiro, um dos mais importantes pedagogos do século XX, mostrou um novo caminho para a relação entre professores e alunos. Suas ideias continuam influenciando educadores em todo o mundo. São palavras-chave para entender seu trabalho: diálogo como princípio, formação da consciência, ação cultural, educação popular e emancipação. Entre suas obras estão *Educação como prática da liberdade*, *Pedagogia do oprimido* e *Pedagogia da autonomia*.

Gandhi, Mahatma (1869-1948): Estadista indiano e líder espiritual, dedicou-se a lutar contra a opressão e a discriminação colonialista britânica. Desenvolveu a política da resistência passiva e da não violência. Liderou o movimento pela independência da Índia em 1947, mas acabou assassinado por um antigo seguidor.

Garfield, James Abram (1831-1881): Presidente dos Estados Unidos entre março e setembro de 1881, sofreu um atentado numa estação de trem em Washington que o levou à morte algumas semanas depois. Republicano, serviu o exército durante a guerra civil americana.

Goebbels, Joseph (1897-1945): Doutor em Filosofia pela Universidade de Heidelberg, foi ministro da Propaganda do governo nazista. Foi um entusiasta de Adolf Hitler e fez os grandes discursos do antissemitismo.

Goulart, João (1919-1976): Presidente da República entre 1961 e 1964, foi deposto pelo golpe militar de 1964. Conhecido popularmente como Jango, entrou para a política com apoio de Getúlio Vargas e era tido como simpatizante do comunismo, o que gerou forte oposição política contra seu mandato na presidência.

Haddad, Fernando (1963): Atual prefeito de São Paulo. Formado em Direito, com mestrado em Economia e doutorado em Filosofia, é professor universitário e já ocupou diversos cargos na administração pública. Tornou-se ministro da Educação do governo Lula em 2005. Entre os livros que publicou estão *Em defesa do socialismo*, *Sindicatos, cooperativas e socialismo* e *Trabalho e linguagem*.

Hingel, Murílio de Avellar (1933): Professor e político brasileiro, foi ministro da Educação no governo de Itamar Franco. Graduado em Geografia e História pela UFJF, durante a ditadura militar deu abrigo a líderes estudantis e sindicais que eram perseguidos.

Hitler, Adolf (1889-1945): Ditador alemão, foi responsável por um dos maiores genocídios da história. Invadiu a Polônia em 1939, provocando a Segunda Guerra Mundial. Mandou milhões de judeus para campos de concentração e conquistou vários países da Europa. Em abril de 1945, foi derrotado pelas tropas soviéticas e suicidou-se no seu *bunker*.

Kant, Immanuel (1724-1804): Filósofo alemão, suas pesquisas conduziram-no à interrogação sobre os limites da sensibilidade e da razão. A filosofia kantiana tenta responder às questões: Que podemos conhecer? Que podemos fazer? Que podemos esperar? Entre suas obras, destacam-se *Crítica da razão pura*, *Crítica da razão prática* e *Fundamentação da metafísica dos costumes*.

Kennedy, John F. (1917-1963): Ex-presidente dos Estados Unidos pelo Partido Democrata, exerceu mandato de 1961 a 1963, quando foi assassinado. Durante seu governo houve a crise dos mísseis de Cuba, a construção do Muro de Berlim, o início da corrida espacial e os primeiros eventos da Guerra do Vietnã.

Kubitschek, Juscelino (1902-1976): Presidente da República entre 1956 e 1961, conhecido pelo plano de metas "50 anos em 5" e pela construção da nova capital federal, Brasília. Médico, tinha um discurso desenvolvimentista pautado no desenvolvimento industrial e na ampliação do potencial econômico do Brasil.

Lênin (1870-1924): Chefe de Estado responsável pela Revolução Russa de 1917, foi o primeiro dirigente da União Soviética. Como líder do partido comunista, influenciou os partidos de esquerda marxistas de todo o mundo. Após sua morte, seu corpo foi embalsamado e ainda hoje está conservado no mausoléu de Lênin.

Lincoln, Abraham (1809-1865): Presidente dos Estados Unidos entre 1861 e 1865, conhecido pelo combate à escravidão e pela forte liderança durante a guerra civil americana, foi assassinado pelo ator e simpatizante confederado John Wilkes Booth.

Lula da Silva, Luiz Inácio (1945): Presidente do Brasil entre 2003 e 2011, é uma das figuras mais representativas do Partido dos Trabalhadores (PT). Ex-metalúrgico e ex-sindicalista, fez forte oposição aos governos anteriores, de José Sarney, Fernando Collor de Mello, Itamar Franco e Fernando Henrique Cardoso.

Maciel, Marco (1940): Político brasileiro, foi vice-presidente no governo de Fernando Henrique Cardoso, senador por Pernambuco, ministro-chefe da Casa Civil e ministro da Educação. É membro da Academia Brasileira de Letras.

Maquiavel, Nicolau (1469-1527): Autor de *O príncipe*, estabelece uma separação entre política e ética, defendendo que os fins justificam os meios. Emprega com frequência, em suas obras, os conceitos de *virtù* e *fortuna*.

Marx, Karl (1818-1883): Cientista social, filósofo e revolucionário alemão, participou ativamente de movimentos socialistas. Seus estudos resultaram na obra *O capital* (1867), que exerce até hoje grande influência sobre o pensamento político e social no mundo todo.

McKinley, William (1843-1901): Presidente dos Estados Unidos na virada do século XIX para o século XX, foi assassinado pelo anarquista Leon Czolgosz. Foi governador do estado de Ohio e lutou na Guerra de Secessão.

Meirelles, Renato: Publicitário e palestrante, fundador do Data Favela e do Data Popular, discute diversos temas ligados ao atual cenário político-econômico brasileiro.

Meirelles, Victor (1832-1903): Pintor brasileiro responsável por alguns dos quadros históricos mais significativos da identidade nacional, tais como *A primeira missa no Brasil* (1861), *Moema* (1866) e *Batalha dos Guararapes* (1879).

Mercadante, Aloizio (1954): Político brasileiro filiado ao PT, atuou como ministro-chefe da Casa Civil, como ministro da Educação e como ministro da Ciência, Tecnologia e Inovação.

Morais, Prudente de (1841-1902): Primeiro político civil a assumir o cargo de presidente da República brasileira, seu governo fomentou o fortalecimento da oligarquia cafeicultora que, no governo seguinte, do presidente Campos Sales, promoveria a "política do café com leite".

Morus, Thomas (1478-1535): Filósofo e santo da Igreja católica, sua obra mais famosa é *Utopia*, texto ficcional em que concebe a ideia de uma sociedade perfeita.

Mussolini, Benito (1883-1945): Criador do fascismo, foi ditador da Itália de 1922 a 1943. Organizou esquadrões armados para instigar o terror e combater os socialistas e encabeçou uma campanha, com apoio da burguesia e da Igreja, que culminaria com o aumento do seu poder, graças à interdição dos outros partidos políticos e sindicatos.

Napoleão Neto, Hugo (1943): Político brasileiro filiado ao PFL e duas vezes governador do Piauí, foi deputado e senador pelo Piauí, bem como ministro da Educação, ministro da Cultura e ministro das Comunicações.

Neves, Tancredo (1910-1985): Político brasileiro, foi deputado federal, primeiro-ministro no governo de Jânio Quadros e governador de Minas Gerais. Em 1985, foi eleito o primeiro presidente civil em mais de 20 anos, mas não chegou a assumir o cargo, pois um dia antes de sua posse foi internado com fortes dores abdominais e faleceu logo depois. Em seu lugar, assumiu interinamente José Sarney.

Nietzsche, Friedrich (1844-1900): Filósofo alemão que se destacou pela extraordinária qualidade literária de seus escritos com conteúdo filosófico. Elaborou críticas devastadoras sobre as concepções religiosas e éticas da vida, defendendo uma reavaliação de todos os valores humanos. Algumas de suas obras mais conhecidas são *A gaia ciência* (1882), *Assim falou Zaratustra* (1883), *Genealogia da moral* (1887) e *Ecce homo* (1888).

Ortega y Gasset, José (1883-1955): Filósofo espanhol, atuou também como jornalista e ativista político. Depois da graduação e do doutorado em Filosofia realizados em Madri, foi para a Alemanha, onde, inicialmente, deixou-se influenciar pela escola de Marburgo, com forte inclinação pelo idealismo, que ele viria a combater mais tarde. Em 1910, obteve a cátedra de Metafísica, também em Madri e, em 1914, publicou seu primeiro livro, *Meditaciones del Quijote*. Em 1923, fundou a *Revista de Occidente*, responsável por traduzir e comentar obras de grandes filósofos, como Edmund Husserl, Georg

Simmel e Bertrand Russell. Durante a ditadura de Franco, exilou-se na Argentina, para retornar à Espanha apenas em 1948.

Pavlov, Ivan (1849-1936): Médico e fisiologista russo, ao estudar a fisiologia do sistema gastrointestinal, fez uma importante descoberta científica: o reflexo condicionado. Foi uma das primeiras abordagens objetivas e científicas ao estudo da aprendizagem, fornecendo um modelo que podia ser explorado de diversas maneiras. Inaugurou, assim, a psicologia científica, em conexão com a neurofisiologia. Recebeu o prêmio Nobel de Fisiologia ou Medicina em 1904.

Pedro I, dom (1798-1834): Primeiro imperador do Brasil, responsável pela independência com relação à metrópole portuguesa. Após nove anos de governo, abdicou da regência do Brasil para lutar pela sucessão da coroa de Portugal.

Péricles (495-429 a.C.): Líder político ateniense, foi uma das figuras-chave da consolidação do sistema democrático na Grécia Antiga. Célebre orador e grande estrategista militar, foi reeleito anualmente por mais de 30 anos. A influência e as habilidades de Péricles culminaram na Era de Ouro de Atenas.

Platão (427-347 a.C.): Um dos principais filósofos gregos da Antiguidade, discípulo de Sócrates, influenciou profundamente a filosofia ocidental. Afirmava que as ideias são o próprio objeto do conhecimento intelectual. Platão escreveu 38 obras que, pelo gênero predominante adotado, ficaram conhecidas pelo nome coletivo de *Diálogos de Platão*.

Prestes, Júlio (1882-1946): Presidente eleito do Brasil que não chegou a tomar posse devido à Revolução de 1930, golpe militar que derrubou a "política do café com leite" da República Velha e colocou Getúlio Vargas no poder. Foi governador do estado de São Paulo entre 1927 e 1930.

Prestes, Luís Carlos (1898-1990): Político comunista brasileiro que fez forte oposição ao Estado Novo de Getúlio Vargas e à ditadura militar. Empenhado em construir um partido comunista brasileiro de caráter efetivamente revolucionário, viveu vários anos na União Soviética. Passou grande parte de sua vida no exílio por conta de suas convicções políticas.

Reagan, Ronald (1911-2004): Presidente dos Estados Unidos entre 1981 e 1989, conhecido pelas aparições televisivas que realizava ao lado da primeira-dama, Nancy. Ex-atores de Hollywood, Ronald e Nancy Reagan formaram um dos casais mais populares do cenário político norte-americano.

Ribeiro, Darcy (1922-1997): Antropólogo, educador e escritor brasileiro. Dedicou-se durante vários anos à educação. Foi nomeado ministro da Educação e Cultura em 1961. Organizou a Universidade de Brasília, da qual foi reitor. Chefe da Casa Civil no governo João Goulart, teve seus direitos políticos cassados pelo golpe de 1964. Regressou ao Brasil em 1976.

Ross, Betsy (1752-1836): Cidadã norte-americana, ficou conhecida por ter elaborado a primeira bandeira dos Estados Unidos, durante o governo de George Washington.

Rousseau, Jean-Jacques (1712-1778): Filósofo suíço e enciclopedista, é um dos grandes nomes do Iluminismo francês, conhecido por defender que todos os homens nascem livres. Entre suas obras mais famosas estão *A nova Heloísa*, romance epistolar, o ensaio *O contrato social* e o tratado *Emílio, ou da educação*. Em 1776, ao final da vida, publica *Os devaneios de um caminhante solitário*.

Rousseff, Dilma (1947): Presidente da República afastada, com o primeiro mandato entre 2011 e 2014 e o segundo iniciado em 2015 e interrompido por processo de *impeachment* em 2016. É filiada ao Partido dos Trabalhadores (PT) e deu sequência a uma política de governo iniciada pelo ex-presidente Lula em 2003.

Sarney, José (1930): Político maranhense, foi eleito vice-presidente da República na chapa de Tancredo Neves, por um colégio eleitoral em 1985 (eleição indireta). Assumiu o governo do Brasil por ocasião do adoecimento do presidente eleito. Com a morte do titular em 21 de abril, foi empossado presidente.

Saturnino Braga, Roberto (1931): Político brasileiro formado em Engenharia pela UFRJ, foi deputado federal e senador. Como prefeito da cidade do Rio de Janeiro, entre 1986 e 1988, enfrentou fortes greves e duras oposições, vindo a decretar a falência do município.

Sebastião, dom (1554-1578): Rei de Portugal conhecido como "o Desejado" e "o Encoberto". Desejado porque seu nascimento garantiu a continuidade da Dinastia de Avis, uma vez que todos os seus tios e o próprio pai morreram antes de ele nascer. Encoberto porque, desaparecido na Batalha de Alcácer-Quibir, no norte da África, gerou a crença de que não estaria morto e voltaria numa manhã de nevoeiro. Esse mito messiânico ficou conhecido como sebastianismo. O reinado de dom Sebastião foi uma época de instabilidade e, como morreu sem deixar herdeiros, fez passar o controle de Portugal a seu tio materno, dom Filipe II da Espanha.

Serra, José (1942): Político brasileiro filiado ao PSDB, teve importantes cargos públicos, como deputado federal e senador por São Paulo, governador do estado de São Paulo, prefeito da cidade de São Paulo, ministro do Planejamento e da Saúde, além de ter sido candidato à presidência da República em 2002 e 2010. Atualmente, é ministro das Relações Exteriores do governo de Michel Temer.

Smith, Adam (1723-1790): Filósofo e economista escocês, foi um dos teóricos do Iluminismo e do liberalismo. Formulou o conceito de "mão invisível", que demonstra a importância da proteção dos interesses individuais para garantia do interesse público.

Souza, Paulo Renato (1945-2011): Ex-ministro da Educação, formou-se economista pela UFRGS, obteve seu mestrado pela Universidade do Chile e seu doutorado pela Unicamp, onde tornou-se professor titular do Instituto de Economia. Na década de 1980, foi reitor da Unicamp, secretário de Educação do estado de São Paulo e presidente da Companhia de Processamento de Dados do Estado de São Paulo. Publicou vários livros e artigos.

Stálin, Joseph Vissarionovich (1879-1953): Estadista comunista soviético, ocupou o governo após a morte de Lênin. Nos anos 1930, instaurou um regime de terror: acabou com as liberdades individuais e criou uma estrutura policial e militar de combate aos inimigos do regime, causando a morte de milhões de pessoas.

Temer, Michel (1940): Presidente da República em exercício, assumiu o cargo em maio de 2016, após o afastamento de Dilma Rousseff em decorrência de processo de *impeachment*. Ocupava a vice-presidência do governo Dilma desde 2011, tendo antes disso atuado como presidente da Câmara dos Deputados e como deputado federal por São Paulo.

Thatcher, Margaret (1925-2013): Primeira-ministra do Reino Unido entre 1979 e 1990. Foi líder do Partido Conservador e, durante seu governo, criou políticas econômicas liberais que desregulamentaram o setor financeiro, flexibilizaram o mercado de trabalho e privatizaram algumas empresas estatais.

Thoreau, Henry David (1817-1862): Um dos pilares do pensamento anarquista, foi um poeta naturalista norte-americano. É autor de *Walten*, obra que elogia uma vida mais simples e mais próxima da natureza, e de *Desobediência civil*, que faz a defesa da oposição a um Estado injusto por meio da suspensão politicamente motivada das obrigações civis.

Tocqueville, Alexis de (1805-1859): Pensador político francês de origem aristocrática, escreveu uma célebre análise sobre a Revolução Francesa e participou da revisão da constituição republicana francesa. Defensor da liberdade e da democracia, seus livros tiveram forte influência na evolução das democracias ocidentais, sobretudo nas Américas.

Tomás de Aquino (1225-1274): Frade italiano da ordem dominicana, foi um dos mais importantes pensadores da era medieval e influenciou a teologia e a filosofia modernas. Em suas sínteses teológicas, discute a teologia católica a partir da filosofia clássica greco-latina, de modo a unir fé e razão.

Tucídides (460-400 a.C.): Historiador grego da Antiguidade Clássica, relatou alguns dos fatos mais importantes da história ocidental. Escreveu a *História da guerra do Peloponeso*, da qual participou; nessa obra foram coletados discursos de várias personalidades clássicas, dentre eles, o discurso funerário de Péricles.

Vargas, Getúlio (1882-1954): Político brasileiro que por mais tempo exerceu a presidência da República, assumiu o governo provisório logo após comandar a Revolução de 1930. Em 1934, foi eleito pela assembleia constituinte presidente da República, cargo no qual permaneceu até 1945. No ano de 1951, voltou à presidência pelo Partido Trabalhista Brasileiro (PTB) por votação direta e, com uma política nacionalista, criou a campanha "O petróleo é nosso", que resultaria na criação da Petrobras e de outras importantes empresas estatais. Em seu governo foram aplicadas muitas das leis trabalhistas que vigoram ainda hoje. Permaneceu no poder até suicidar-se, em 1954.

Vázquez, Adolfo Sánchez (1915-2011): Filósofo hispano-mexicano, professor da Universidade Autônoma do México, é autor de *Ética*, *Filosofia da práxis* e *Entre a realidade e a utopia*, entre outros livros de filosofia marxista. Na juventude, foi militante das Juventudes Socialistas Unificadas, organização política juvenil que participou da guerra civil espanhola (1936-1939), movimento popular de oposição ao autoritarismo e de luta pela democracia.

Washington Luís (1869-1957): Presidente do Brasil, de 1926 a 1930, foi o último representante da República Velha. Após romper com a "política do café com leite", que tinha como regra a alternância de paulistas e mineiros no poder, foi deposto pouco antes do fim de seu mandato por golpe militar, na denominada Revolução de 1930, que entregou o poder a Getúlio Vargas.

Xavier, Chico (1910-2002): Médium espírita brasileiro, publicou centenas de livros como psicógrafo de mensagens religiosas. Dentre eles, *Crônicas de além-túmulo* (Humberto de Campos), *Missionários da luz* (André Luiz) e *Sinal verde* (André Luiz).